BIBLIOTHÈQUE MORALE

DE

LA JEUNESSE

PUBLIÉE

AVEC APPROBATION.

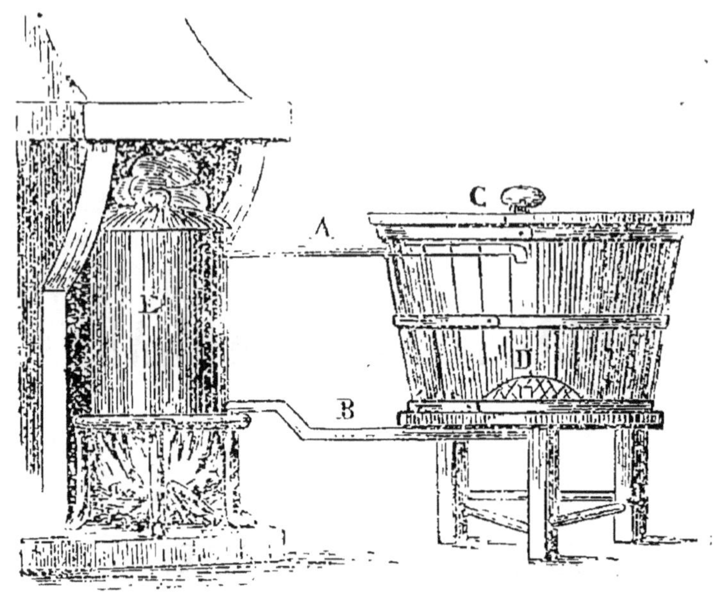
C
A
E
D
B

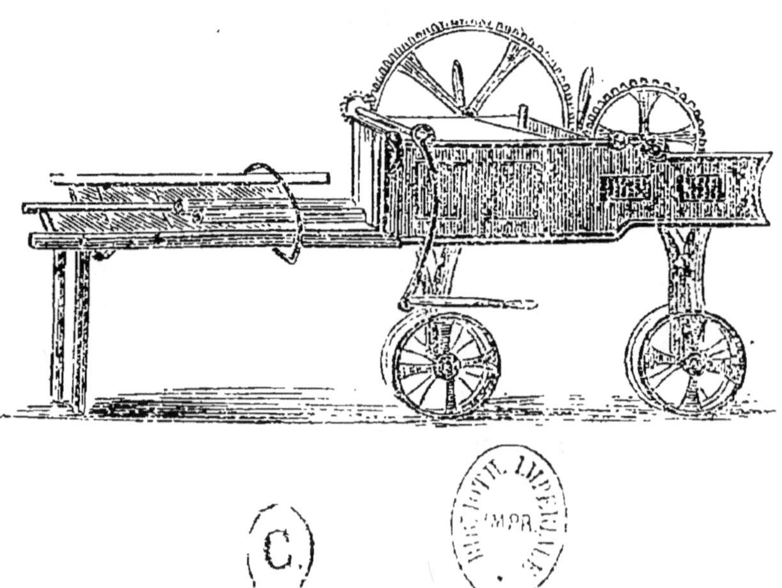

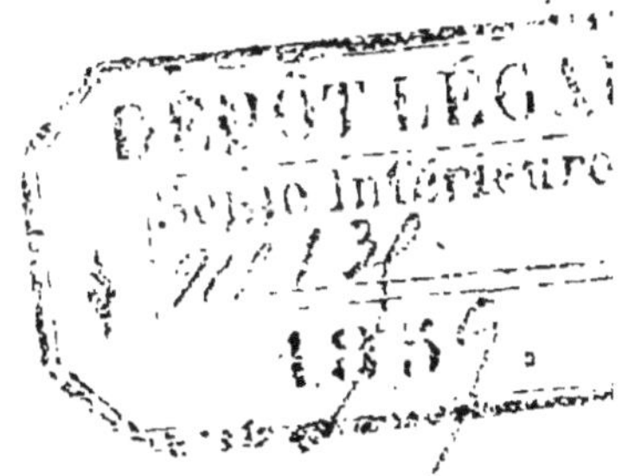

ABRÉGÉ

DES

ARTS ET MÉTIERS

A LA PORTÉE DE L'ENFANCE

PAR H. M.

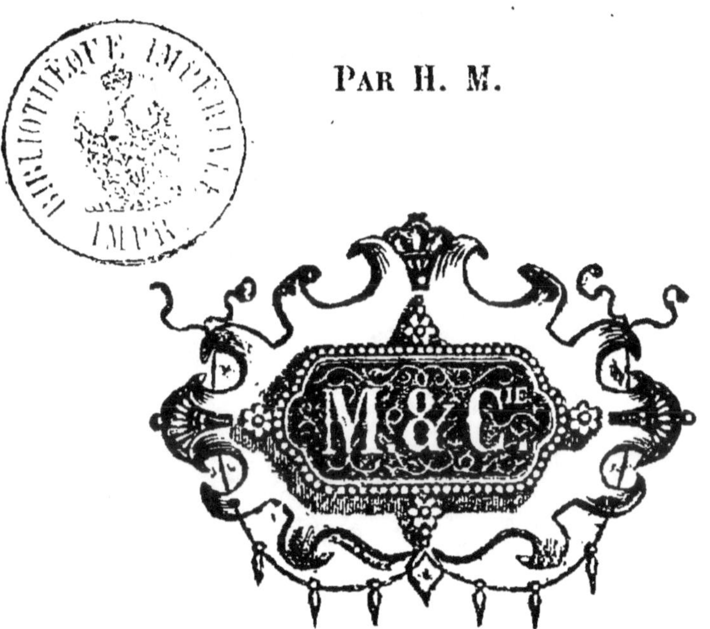

ROUEN

MÉGARD ET Cie, IMPRIM.-LIB.

1859.

Avis des Éditeurs.

Les Éditeurs de la **Bibliothèque morale de la Jeunesse** ont pris tout à fait au sérieux le titre qu'ils ont choisi pour le donner à cette collection de bons livres. Ils regardent comme une obligation rigoureuse de ne rien négliger pour le justifier dans toute sa signification et toute son étendue.

Aucun livre ne sortira de leurs presses, pour entrer dans cette collection, qu'il n'ait été au préalable lu et examiné attentivement, non-seulement par les Éditeurs, mais encore par les personnes les plus compétentes et les plus éclairées. Pour cet examen, ils auront recours particulièrement à des Ecclésiastiques. C'est à eux, avant tout, qu'est confié le salut de l'Enfance, et, plus que qui que ce soit, ils sont capables de découvrir ce qui, le moins du monde, pourrait offrir quelque danger dans les publications destinées spécialement à la Jeunesse chrétienne.

Aussi tous les ouvrages composant la **Bibliothèque morale de la Jeunesse** sont-ils revus et approuvés par un Comité d'Ecclésiastiques nommé à cet effet par MONSEIGNEUR L'ARCHEVÊQUE DE ROUEN. C'est assez dire que les écoles et les familles chrétiennes trouveront dans notre collection toutes les garanties désirables, et que nous ferons tout pour justifier et accroître la confiance dont elle est déjà l'objet.

ABRÉGÉ

DES

ARTS ET MÉTIERS.

Aux confins du département de Seine-et-Oise, entre Mantes et Magny, au centre d'un pays accidenté et pittoresque, est la commune de Villers-en-Arthies. Peu important en lui-même, ce village ne compte cependant pas moins d'une dizaine de hameaux ou de dépendances éparses dans une assez grande étendue de pays.

Une ancienne demeure seigneuriale, sorte de château accompagné d'un vaste parc et dont le style architectural appartient à la fin du XVIIe siècle, domine toute la contrée. Il est habité par le maire de la commune. Du château on descend par une magnifique avenue dans le village, composé à peu près d'une seule rue.

Dans l'un des hameaux dont nous venons de parler habitait, il y a peu de temps, un homme fort instruit et qui avait vécu longtemps à Paris.

Sur le bord de l'un des chemins qui conduisent au gros bourg de Vétheuil, situé sur la rive de la Seine, s'élève une jolie maison entourée de plantations d'agrément ou d'utilité; son propriétaire l'avait embellie de ses propres mains et s'était ainsi créé une charmante retraite pour ses vieux jours. Il cultivait lui-même son petit domaine, et, tout en ornant son jardin de fleurs inconnues dans le pays, il enrichissait son verger et son potager d'excellentes variétés d'arbres fruitiers et de légumes nouvellement introduites en France et qu'il rapportait de Paris.

Au reste, M. Legros — tel était le nom de ce propriétaire — ne paraissait étranger à aucun des arts utiles et se plaisait à donner de précieux conseils aux ouvriers et aux propriétaires avoisinants; aussi ne manquait-on pas d'avoir recours à ses lumières, lorsqu'il se présentait quelque chose d'embarrassant. S'agissait-il de rétablir un sentier, un chemin vicinal dévasté par les eaux pluviales, de réparer une habitation rurale menaçant ruine, de diriger une irrigation, de drainer un champ, vite on s'adressait à M. Legros, qui ne manquait pas d'indiquer le moyen le plus simple et le plus économique d'arriver au but désiré. Les gens du pays, comprenant la supériorité d'instruction de leur voisin, montraient beaucoup de déférence pour ses avis, chose assez rare chez les gens de la campagne, qui font en général peu de cas des livres et de la science qu'on y apprend ; mais ils avaient senti que celle de M. Legros était une science toute positive et toute pratique.

Cet homme utile était un ancien professeur de technologie, connu par de nombreux travaux et des découvertes précieuses dans les arts ; fatigué du bruit et du tracas de la grande ville, il était venu chercher le repos et le calme dans un pays assez proche de Paris pour pouvoir y venir facilement chaque fois que cela lui serait nécessaire, mais à près de deux myriamètres de distance de l'embarcadère le plus proche. Heureusement M. Legros aimait à marcher ; puis cet inconvénient, qui le plaçait pour ainsi dire au milieu de ce qui eût été la solitude pour beaucoup de Parisiens, lui plaisait assez, en ce qu'il le mettait à l'abri des importuns de la ville.

M. Legros était loin cependant d'être un ours ; au contraire, il aimait assez à causer, et bien souvent on l'entendit s'entretenir avec des ouvriers de différentes professions, les étonnant par la connaissance parfaite qu'il semblait avoir de leur état et leur apprenant même des choses qu'ils ignoraient. Il se plaisait à leur enseigner des procédés nouveaux et à leur indiquer des *tours de main* qui devaient perfectionner ou faciliter leur travail.

La réputation de science de M. Legros commençait à se répandre autour de lui ; elle s'étendait jusqu'à la Roche-Guyon, Chérancé et Vétheuil. Le curé de cette dernière commune, éloignée de deux kilomètres de la demeure de M. Legros, le visitait assez souvent et aimait à converser avec lui. Un jour que le maire de Villers et deux ou trois des notables du pays se trouvaient réunis dans le salon de M. Legros, le curé dont nous parlons, qui était présent, lui dit :

— Nous savons tous, Monsieur, que vous possédez des connaissances pratiques sur une foule d'objets et particulièrement de précieuses notions professionnelles ; leur vulgarisation serait d'une grande utilité dans ce pays, dont les ouvriers vont rarement à Paris. Ne vous semble-t-il pas qu'il serait éminemment utile, et tout à fait philanthropique, de développer ici autant que possible ce genre d'instruction ? Cela serait d'autant plus méritoire et plus utile à la commune, que les propriétaires des environs cesseraient de faire venir à grands frais des ouvriers de Paris pour les embellissements et les réparations qu'ils font faire à leurs propriétés, et s'adresseraient à ceux du pays.

— Je le pense comme vous, monsieur le curé. Mais que faudrait-il faire pour cela ?

— Rien de plus simple : il ne s'agirait que de réunir chez vous tous les dimanches, à l'issue du service divin, quelques ouvriers d'élite : menuisiers, charpentiers, maçons, les ouvriers du bâtiment enfin ; ensuite ceux qui travaillent à la terre, et puis bien d'autres encore...

— Mais, monsieur le curé...

— Pardon si je vous interromps ; vous pensez peut-être que je veux transformer votre jolie demeure en une école d'adultes et vous faire recommencer les cours où je sais, malgré votre modestie, que vous avez professé avec tant de distinction à Paris ? Non, bien loin de là ! Vous êtes venu ici chercher le repos, et à Dieu ne plaise que ce repos soit troublé ! Il s'agirait seulement d'admettre de temps en temps deux ou trois de ces hommes que je viens de citer à une causerie dont ils profiteraient grandement. Ce serait à la fois une récompense pour leur bonne conduite et une occasion de s'instruire qu'ils ne trouveraient jamais ici. Ce n'est donc pas un enseignement systématique que vous leur donneriez, continua le curé, mais l'instruction sous la forme la plus variée et la plus aimable. Vous égaieriez, j'en suis certain, vos enseignements par quelques-unes de ces anecdotes professionnelles que je vous ai entendu raconter et qui intéresseraient d'autant plus vos auditeurs, qu'elles concerneraient des ouvriers. Que dites-vous de mon projet, monsieur Legros ?

— Ma foi, je ne demande pas mieux que de l'adopter, pourvu que ces réunions ne soient pas trop nombreuses et surtout qu'elles ne comprennent pas à la fois des professions tellement différentes, que ce qu'il vous plaît d'appeler mes enseignements deviendrait une source d'ennui pour ceux qu'ils n'intéresseraient pas.

— Soyez tranquille, dit le curé, ceci me regarde : je veux être à la fois l'organisateur et le secrétaire des réunions que je propose.

— Quant à moi, dit le maire, quoique je ne sois pas ouvrier, je sollicite la permission d'y assister.

— Si M. Legros y consent, j'y viendrai aussi, ajouta un gros fermier.

— Comme auteur du projet et comme secrétaire, dit en riant le curé, je dois faire partie du cénacle. Je me suis trouvé fort souvent à des réunions de sociétés savantes, et maintes fois je n'y ai recueilli que de l'ennui. Je suis sûr qu'il en sera autrement ici. Mais allons au but : voulez-vous que la première réunion ait lieu dimanche ?

— Volontiers.

— Eh bien ! je vous amènerai de Vétheuil deux ou trois ouvriers, hommes laborieux et amis du progrès ; l'un d'eux n'est pas de ma paroisse ; mais je suis certain qu'il sera enchanté d'assister à notre petite réunion. A dimanche donc.

PREMIER ENTRETIEN.

Le dimanche qui suivit le jour où M. Legros avait reçu la visite du curé de Vétheuil, les mêmes personnes se réunirent chez lui. Monsieur le curé avait amené deux menuisiers de sa commune, auxquels se joignirent M. Martin, de Villers, et Jacques, son apprenti.

Après les premières civilités, M. Legros prit la parole et leur fit cette petite allocution :

— Mes amis, monsieur le curé que voici m'a assuré qu'il vous serait avantageux de répandre parmi vous quelques connaissances utiles dans votre profession ; peut-être les possédez-vous déjà en tout ou en partie ; alors ce que nous dirons servira à les rappeler à votre mémoire ; si, au contraire, elles sont nouvelles, notre conversation portera quelque fruit.

Pour être bon menuisier, il faut connaître un peu d'architecture et surtout ce qui appartient aux cinq ordres principaux et ce qui dépend du style gothique. Il est utile que le menuisier connaisse les moulures affectées à chacun de ces ordres ainsi que les ornements du style gothique, afin de s'en servir et de les assortir convenablement et avec goût dans les décorations de la menuiserie du bâtiment.

Ensuite la pratique du dessin linéaire est d'une nécessité absolue, soit pour dresser un plan, une élévation, profiler un entablement ou une corniche. Appliquez-vous surtout à dessiner l'ornement.

Le menuisier doit avoir quelque pratique du lavis, afin de pouvoir donner au besoin du relief et de la rondeur aux détails d'une élévation, ou séparer par des teintes différentes les diverses parties d'un plan.

Si on lui commande une devanture de boutique, il lui sera bien plus avantageux de pouvoir en établir le dessin, de manière à suppléer à toutes les explications qu'il s'efforcerait de donner et que le bourgeois qui commande la devanture ne comprendrait peut-être pas.

Puis il est une foule d'objets qui sont du ressort du menuisier et pour lesquels le dessin est d'une grande utilité, tels sont les escaliers de menuiserie, les portes et les chambranles ornés, etc.

Ajoutez que dans la province il faut qu'un menuisier sache faire quelques meubles, lits, armoires, buffets, etc.; et là il faut encore du dessin.

Enfin il développe le goût de l'ouvrier et lui donne la faculté de tracer sur son calepin quelque profil élégant, quelque forme nouvelle qu'il vient d'apercevoir et qu'il saura produire à l'occasion.

N'oublions pas que l'arithmétique, et particulièrement le calcul décimal, est d'une nécessité absolue pour mesurer les surfaces, se rendre compte de l'importance d'un travail compliqué et en établir le prix.

Mais j'allais oublier une connaissance importante pour le menuisier, c'est la géométrie, celle qui traite des différentes figures planes et des solides. Il est une foule de circonstances où le menuisier trouvera occasion de l'utiliser.

— Mais, Monsieur, dit le menuisier Martin, je ne vois pas en quoi la géométrie pourrait nous servir, à nous menuisiers; passe encore si nous étions architectes.

— Si fait; la géométrie peut vous être fort utile; j'entends la géométrie élémentaire, celle qui enseigne les noms et les propriétés des angles, des triangles, les différentes figures rectilignes, telles que les quadrilatères, les polygones, puis les lignes courbes et les figures curvilignes.

Ne faut-il pas que dans l'occasion vous sachiez tracer régulièrement une ovale, une ellipse, une volute et bien d'autres figures ?

— Vous avez raison, Monsieur, dit Martin; mais je vous avoue que la géométrie m'effrayait, à cause de l'algèbre, dont elle est hérissée dans beaucoup de livres élémentaires et auquel je n'ai jamais pu rien comprendre.

— Les éléments de géométrie dont je parle n'ont pas besoin du secours de l'algèbre pour être compris; je vous engage donc, mes amis, à vous occuper, dans vos moments de loisir, à étudier ces connaissances si utiles à la pratique de votre art; je vous recommande surtout le dessin linéaire appliqué à l'ornement. Je vous prêterai quelques livres et des modèles de dessin, si cela peut vous être agréable.

On comprend que cette offre fut acceptée avec reconnaissance, surtout par l'apprenti Jacques.

— Je n'entreprendrai pas ici de vous parler d'outillage, ajouta M. Legros ; vous en savez autant ou peut-être plus que moi dans ce genre de connaissances ; mais je vous recommanderai un outil d'une grande utilité et dont peu de menuisiers sont pourvus : c'est la scie circulaire.

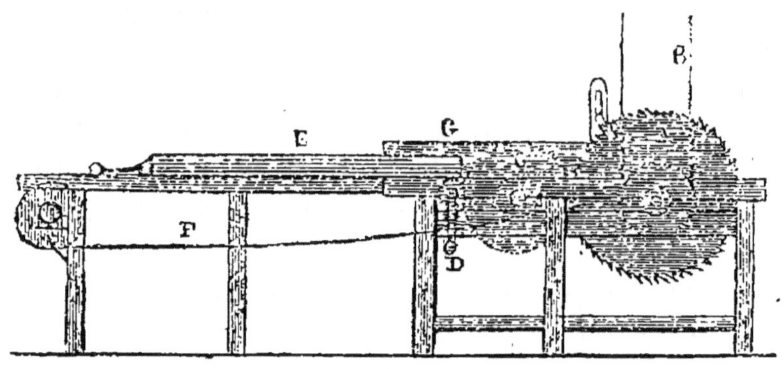

A scie circulaire mise en mouvement par la courroie B, communiquant au moteur. C roue dentée que fait tourner la manivelle D. Elle fait avancer sous les dents de la scie le madrier E, au moyen de la chaîne à la Vaucanson F. G guide en fer, réglant l'épaisseur des planches.

— Je l'ai vue manœuvrer chez mon maître d'apprentissage à Rouen, dit le menuisier Fouquet ; au moyen de cet outil, il sciait à peu près 50 mètres de plates-bandes, plinthes, tasseaux, baguettes en bois blanc, par heure. Cela lui a été très-utile dans un entourage de basse-cour, à Saint-Léger, dont le grillage scié à la main lui eût pris quatre fois plus de temps.

Nous ne parlerons pas de la scie mécanique à lame droite : celle-là, mue par un manége, par la vapeur ou par l'eau, ne s'emploie généralement que dans une usine où l'on débite des bois en grand, pour en faire des planches ou pour scier du placage.

— Pardon, monsieur Legros, dit alors Martin, une chose d'une grande utilité à nous autres menuisiers, qui avons souvent des meubles à faire, serait de trouver des moyens faciles et peu coûteux pour teindre les différentes espèces de bois que nous employons.

— Je suis bien aise que vous me fassiez cette demande, dit M. Legros ; car je me suis beaucoup occupé de cet objet.

Je vais donc vous communiquer mes différentes recettes ; si vous les oubliez, ce qui pourrait bien arriver, je vous les donnerai par écrit.

Moyens de teindre diverses espèces de Bois. — Soins généraux.

Pour que le bois prenne la couleur d'une manière égale, il faut d'abord le planer, soit avec le rabot, soit autrement ; on a soin de le tenir dans un lieu chaud pendant 24 heures, pour en chasser l'humidité. Si c'est en été, on l'expose au soleil. On teindrait bien mieux les bois, si on pouvait les plonger entièrement dans un bain de teinture ; mais comme la chose se peut rarement, on les imprègne quatre ou cinq fois de suite de la matière colorante avec un pinceau doux ou une éponge fine, ayant soin de laisser sécher chaque couche de couleur avant d'en appliquer une nouvelle.

Les bois d'érable ou de sycomore prennent fort bien les diverses teintures. Vous leur donnerez la couleur de l'*acajou* clair en les imprégnant d'une décoction chaude de bois de Brésil et de garance.

Si vous voulez que votre bois prenne le rouge de grenade, alunez-le d'abord, c'est-à-dire imprégnez-le d'une dissolution chaude d'alun, que vous ferez en mettant dans de l'eau bouillante autant d'alun qu'elle pourra en dissoudre; passez-y ensuite une solution de verdet (vert-de-gris). Votre bois étant sec, donnez-lui la couleur avec la décoction de bois de Brésil sans garance.

La même décoction de bois de Brésil, passée à plusieurs reprises sur le bois, et avivée par une application d'acide sulfurique, étendu avec les deux tiers d'eau, produira une jolie teinte de corail.

Le même bois de sycomore ou d'érable prendra une couleur citron, si vous l'imprégnez d'une solution de gomme-gutte dans de l'essence de térébenthine. Si vous y passez une décoction de garance, puis une solution d'acétate de plomb (sel de Saturne), il prendra un aspect brun marbré, que l'on peut encore changer en un vert veiné par l'action de l'acide sulfurique faible.

Le sycomore ou l'érable teint avec le campêche seul imite l'acajou foncé; mais si le bain de campêche est très-chargé de matière colorante, et qu'on traite ensuite le bois avec une solution de verdet, il devient noir.

Ces mêmes bois teints avec le curcuma deviennent d'un beau jaune. Le campêche précédé de l'alunage donne un brun violet.

Le peuplier teint avec le brésil et la garance imite l'acajou foncé.

Le bois de hêtre teint avec le curcuma devient jaune; avec la garance, et ensuite l'acide sulfurique faible, on obtient un vert veiné. Le même bois aluné et teint ensuite avec le campêche, devient brun rougeâtre et imite assez bien le palissandre.

Le tilleul teint avec le curcuma et sur lequel on passe une dissolution de chlorure d'étain (sel d'étain) prend une couleur orange; avec la garance, puis l'acétate de plomb, il donne un brun veiné; avec un bain de garance très-chargé et ensuite du vert, il devient noir.

Le poirier teint avec la gomme-gutte et le safran prend une couleur orange foncée.

Le charme teint avec le bois de Brésil ou le campêche prendra la couleur du corail, si on le traite ensuite avec l'acide sulfurique faible, comme nous l'avons dit plus haut pour l'érable et le sycomore.

L'orme teint avec la gomme-gutte dissoute à l'essence prend l'apparence du bois de gaïac.

Si vous voulez imiter l'ébène, choisissez un bois d'un grain serré, imprégnez-le à chaud avec une décoction très-chargée de bois de campêche; puis, quand il sera à peu près sec, passez-y une dissolution de sulfate de fer (couperose verte.)

Les bois teints ci-dessus doivent être ensuite polis et vernis ou passés à l'encaustique.

Mais j'oublie de vous parler de deux des principaux bois de menuiserie : le merisier et le noyer.

Je suppose que vous voulez les teindre en acajou, puis ensuite les vernir ; voici comme vous procéderez.

Passez sur votre bois un tampon de linge trempé dans de l'acide azotique (eau-forte) coupé de deux tiers d'eau, et laissez sécher : dissolvez 45 grammes de sang-dragon (sorte de résine rouge) dans 750 grammes d'alcool, et imprégnez-en soigneusement le bois.

Faites dissoudre 45 grammes de gomme-laque dans 750 grammes d'alcool, ajoutez-y 8 grammes de carbonate de soude (ou sel de soude), et vernissez-en votre bois bien sec avec un pinceau plat.

Deux couches de ce vernis sont ordinairement nécessaires. On augmente son poli et son éclat en le frottant quelque temps avec un tampon de gros drap légèrement imbibé d'huile d'olive.

Ce même vernis de laque peut également s'appliquer sur toutes les teintures et sur tous les bois dont nous venons de parler.

Je pourrais vous indiquer encore bien d'autres substances propres à la teinture des bois ; mais celles que je viens de citer sont les plus usitées. Toutefois, règle générale, choisissez pour toutes ces teintures, excepté pour celle de l'ébène, les bois qui présentent des veines et des nœuds bien formés.

A présent que je vous ai indiqué le moyen d'imiter plusieurs bois étrangers et quelques bois indigènes, je vais vous apprendre un moyen facile pour décorer certains travaux avec des ornements ou sculptures en bas-relief. Vous allez me dire sans doute que vous n'êtes pas des sculpteurs ; je le pense bien ; mais cela ne fait rien pour le procédé que je vais vous indiquer.

Je suppose qu'il s'agit d'orner des dessins en relief, un cadre, un dessus de boîte ou tout autre objet d'une dimension médiocre. Procurez-vous chez un quincaillier un ornement en fonte ou en cuivre dont le relief ne soit pas trop fort et que vous aimerez à reproduire, par exemple une frise ou des patères ; puis, à l'aide d'une forte presse, imprimez ce relief dans votre bois que vous aurez préparé et choisi d'un grain fin et homogène ; serrez peu à peu votre presse jusqu'à ce que toute la partie en relief soit entrée dans le bois en le refoulant ; laissez-le quelques heures dans cet état ; puis relevez-le et réduisez avec le rabot ce bois au niveau des parties enfoncées ; gardez-vous surtout d'aller au delà, et pour cela ne donnez que peu de fer au rabot.

Cela fait, mettez tremper votre bois dans de l'eau, et vous verrez, au bout de quelques heures, toutes les parties qui avaient été enfoncées s'élever en relief au-dessus de la portion de bois qui leur sert de champ et n'a pas subi de pression.

Si vous avez un fer à gaufrer portant quelques ornements en relief, vous n'aurez pas besoin de presse ; vous imprimerez votre fleuron au maillet en ménageant vos coups de manière à ne point briser la fibre du bois, et vous procéderez comme ci-dessus en enlevant la portion non refoulée. Vous pourrez de cette manière orner le pourtour d'un cadre d'une suite de fleurons formant bordure, d'un filet de perles ou d'oves, de feuilles d'ache, et ainsi de suite.

A la suite de ces communications industrielles, la conversation étant tombée sur le compagnonnage, M. Legros leur dit qu'il regardait cette coutume comme une chose qui pouvait avoir son utilité toutes les fois qu'elle ne dégénérait pas en rivalité haineuse, finissant souvent par se traduire en rixes ou voies de fait.

Au reste, M. Agricol Perdiguier, maître menuisier des plus instruits, et que vous connaissez de réputation sans aucun doute, a publié un livre fort curieux sur le compagnonnage.

Je vais vous raconter à ce sujet la réception d'un compagnon menuisier, en vous prévenant que la scène se passe en Allemagne.

Rien de plus original que l'initiation du compagnonnage chez les menuisiers allemands. Avant que le récipiendaire, qu'on appelle *Tablier de Peau de chèvre,* soit introduit dans l'assemblée, le compagnon qui doit le *raboter* s'exprime ainsi : « Que Dieu bénisse l'honorable compagnie et répande sur elle toutes sortes de prospérités. Il y a à la porte un gâte-bois, un batteur de pavés, un meurtrier de cerceaux, qui me suit partout. Il avance, il recule, il n'ose entrer; mais il me dit qu'après avoir été *raboté*, il sera bon compagnon. Je vous déclare donc, mes gracieux compagnons, que *Peau de chèvre* m'a supplié de le vouloir bien *raboter* et instruire, comme je l'ai été moi-même par mon parrain. »

L'apprenti paraît alors, accompagné de son parrain. Il porte sur ses épaules un tabouret, qu'il met sur une table et sur lequel il s'assied. Alors les compagnons s'approchent tour à tour du récipiendaire, et chacun lui retire trois fois le tabouret pour le faire tomber sur la table; mais le parrain le retient chaque fois en le saisissant par les cheveux : c'est ce qu'on appelle raboter.

Le parrain, prenant ensuite la parole, dit, en tenant toujours l'apprenti par les cheveux : « Vous voyez la scie que je tiens; elle est creuse comme un sifflet; mais elle a une bouche qui mange de bons morceaux et boit de bons coups. »

Suivant l'usage, le récipiendaire choisit dans l'assemblée, pour second parrain, un autre compagnon *raboteur ;* puis son parrain lui demande s'il veut passer compagnon, puis maître, et enfin s'il veut voyager. Sur sa réponse affirmative, le parrain lui retrace d'une manière originale et emblématique les incidents de la route. Il lui parle d'abord de corbeaux de mauvais augure, puis de trois vieilles femmes qui lui prédiront malheur, d'un moulin à vent qui semble lui dire : En arrière! en arrière! d'une sombre forêt, et d'un vent glacial qui paraît par sa violence vouloir déraciner les arbres pour l'écraser dans leur chute. A chaque interpellation, l'apprenti doit répondre qu'il ne reculera pas.

Le parrain lui parle ensuite d'une belle prairie et d'un poirier couvert de fruits. « Ne tente pas de monter sur l'arbre, ajoute-t-il; les paysans sont quelquefois assez brutaux pour renouveler les coups deux et trois fois à la même place; mais tu es robuste, secoue l'arbre, et les poires tomberont en grand nombre. Comptes-tu les ramasser toutes? — Oui. — Eh bien! tu auras tort (le récipiendaire est rudement raboté). Tu dois te dire : Il se peut qu'un brave compagnon moins fort que moi vienne ici, et il faut lui laisser de quoi se rafraîchir. Te voici aux portes de la ville, mets tes bas propres et nettoie tes souliers. Va trouver l'ancien et dis-lui : Compagnon, je vous prie de me trouver de l'ouvrage. L'ancien te répondra : Je vais m'en occuper. Maintenant tu vas aller vider un pot de bière et voir la ville, n'est-ce pas? — Oui. — Eh bien! non! (Ici le récipiendaire est *raboté* pour la troisième fois.) Tu dois rentrer à l'auberge jusqu'au retour de l'ancien; car il vaut mieux que tu attendes que de te faire attendre par lui. »

Puis, s'adressant à l'assistance, il ajoute : « Maîtres et compagnons, tout à l'heure je vous amenais une peau de chèvre, un massacreur de cerceaux, un gâte-bois, un batteur de pavés; maintenant je vous présente un brave et honnête compagnon. » Alors le nouveau compagnon se met à courir dans la rue, les autres compagnons le poursuivent en l'aspergeant d'eau froide; ensuite l'heure du repas arrive, et chacun s'empresse de boire à la santé du nouveau compagnon, sur la tête duquel on pose une couronne de feuilles de chêne.

Les cérémonies bizarres qui accompagnent la réception d'un compagnon menuisier en Allemagne amusèrent beaucoup les assistants.

— Cela paraît extravagant, dit M. Legros; mais il y a là un sens caché rempli de bons enseigne-

nents : 1° Nous ne devons pas nous laisser dé-
:courager par les obstacles, les contrariétés et
es orages de la vie, mais poursuivre courageu-
sement notre route jusqu'à ce que nous soyons
arrivés au but ; 2° les poires sont l'emblème de
a charité, qui nous ordonne de ne pas oublier
es besoins de nos frères ; 3° ne pas se laisser
détourner de ses devoirs et avoir pour les
hommes d'âge et d'expérience les égards auxquels ils ont droit.

SECOND ENTRETIEN.

Le dimanche qui suivit celui où M. Legros ex-
posa avec tant de clarté la série des connais-
ances accessoires qui doivent faire partie de
'instruction d'un bon menuisier, son salon
éunit plusieurs ouvriers, parmi lesquels on remarquait deux charpentiers ; car il avait été con-
venu que cette séance serait consacrée à leur
profession.

— Au moyen âge, dit M. Legros, lorsque tout le
monde eut pris place, on donnait le nom de
harpentiers à tous les ouvriers qui travaillent
e bois, tels que les charpentiers, les menuisiers,
es tourneurs, les charrons. On les distinguait

alors sous le nom de *charpentiers de la grande cognée, charpentiers* proprement dits, et *charpentiers de la petite cognée*, comprenant les menuisiers.

Avant 1789, les charpentiers formaient une corporation fort importante ; ses statuts remontent à l'an 1454. Elle a saint Joseph pour patron. Aujourd'hui que vous formez plusieurs associations de compagnons (1), je vois avec plaisir que ces associations, créées dans un but de fraternité, et qui ne se révélaient, il n'y a encore qu'un petit nombre d'années, que par des coalitions blâmables et des rixes sanglantes, commencent à suivre une marche plus légale et à se rapprocher de leur but primitif.

La charpenterie occupe une place très-importante dans l'art de bâtir, bien qu'aujourd'hui la charpente en fer ait envahi une partie des attributions de la charpente en bois; mais celle-ci n'a

---

(1) On entend par compagnonnage (nom que portent ces associations) une association des ouvriers dans une même profession, pour s'entr'aider, se secourir et se procurer de l'ouvrage : c'est une espèce de franc-maçonnerie, qui a ses secrets, ses épreuves et ses signes de reconnaissance. C'est surtout dans l'industrie du bâtiment que le compagnonnage s'est le mieux conservé. Il existe dans chaque ville de France une *mère des ouvriers*, chez qui les compagnons en voyage trouvent logement, nourriture à bas prix et même crédit, et l'indication des maisons où ils pourront avoir du travail.

On a prétendu faire remonter le compagnonnage, comme la franc-maçonnerie, à la construction du temple de Salomon ; il est plus vraisemblable qu'il ne date que du moyen âge; il paraît être né, à cette époque de désordre et de difficiles communications, du besoin de s'entr'aider et de se défendre contre les entreprises des seigneurs ; on le fait sortir, vers le XIIe siècle, de la franc-maçonnerie. Il fut d'abord protégé

rien perdu de son importance, car la charpente en fer ne s'applique guère qu'aux planchers. Les combles, les escaliers sont jusqu'à présent restés dans le domaine du charpentier ; et il faut convenir que le trait d'un escalier contourné en spirale, la charpente d'un dôme, d'une coupole, d'un clocher, sont des choses qui demandent beaucoup de connaissances et d'application.

Il y a peu de temps, on a pu admirer à Paris le bâtis en charpente à l'aide duquel, au moyen de puissants engins, on a soulevé la colonne de la place du Châtelet pour la transporter, avec la statue qui la couronne et celles qui ornent sa base, à vingt pas de là, puis la soulever de trois mètres de hauteur, jusqu'au moment où elle put être calée en place.

Un autre fait très-remarquable eut lieu à Paris en 1727 ; une ancienne tour de l'église de Saint-Leu-et-Saint-Gilles menaçait ruine, un

---

par les Templiers. Les compagnons forment trois grandes associations qui se donnent les noms d'*Enfants de Salomon*, d'*Enfants de maître Jacques*, d'*Enfants du père Soubise*. Les premiers se subdivisent en *Gavots* et en *Loups* ou *Compagnons étrangers* ; les seconds se divisent en *Loups-Garous* et *Dévorants*. Les principaux métiers ainsi associés sont les tailleurs de pierre, les charpentiers, les menuisiers, les serruriers, les boulangers, les cordonniers. Tous ces ordres de compagnons sont soumis à certaines règles, qu'ils appellent *devoirs* ; mais les *Enfants de maître Jacques* et ceux du *père Soubise* prennent seuls le nom de *Compagnons du Devoir*. Ces associations, au lieu de s'unir et de s'entr'aider, sont rivales et hostiles : trop souvent elles se sont livré des combats acharnés. On doit à M. Agricol Perdiguier un ouvrage curieux sur le compagnonnage.

(M. BOUILLET, *Dictionnaire universel des lettres, des sciences et des arts*.)

simple charpentier fut assez habile pour transporter à six mètres de distance, sur une nouvelle tour, le clocher tout entier, sa charpente et sa cloche, qui seule pesait deux milliers.

Au reste, le charpentier doit joindre l'adresse à la force, connaître le dessin linéaire, les éléments de la mécanique pratique et ceux de la géométrie, laquelle est indispensable, soit pour calculer la dimension des solives et les rapporter à celle de la pierre, pour le règlement d'un mémoire, soit pour tracer une épure sur l'aire de l'atelier.

La connaissance des bois n'est pas moins nécessaire au charpentier; il doit connaître leur force et l'emploi auquel ils conviennent le mieux.

Vous faites principalement usage du chêne, du hêtre, du châtaignier, de l'orme et du sapin. On emploie aussi le platane, le pin, l'aune, le peuplier, l'acacia et le mélèze. Toutefois, le chêne est généralement préféré pour la charpente. Il possède, d'ailleurs, la propriété de se conserver dans la terre et de se durcir à l'eau.

Les jeunes chênes doivent être choisis de préférence ; leur bois a plus de nerf et d'élasticité, mais ils ne fournissent pas les grandeurs d'échantillon nécessaires pour les constructions considérables. Les principaux vices du vieux bois sont les nœuds pourris, les branches cassées qui ont laissé infiltrer l'eau dans le cœur de l'arbre, les effets des gelées ; et vous savez comment on sonde les bois pour juger de l'importance des défauts.

Vous avez peut-être remarqué que les bois

des provinces méridionales de la France sont sujets à se gercer (se fendre) ; mais ce défaut, qui provient de la force des fibres du bois, est peu grave, n'altérant pas sa force de résistance. Quelquefois, cependant, ces fentes ont assez d'importance pour exiger de contenir la pièce à l'endroit de ces gerçures avec des liens ou étriers de fer. C'est encore un défaut pour les bois d'être verts, parce qu'ils se tourmentent et se déforment : ce qui peut nuire à la solidité et au bon effet des constructions.

Au reste, il faut conserver les bois longtemps avant de les employer, pour les laisser faire leur effet.

La coupe des bois de charpente doit se faire aux approches de l'hiver, lorsque la sève est inactive pour les chênes, ormes et châtaigniers. On préfère les mois d'avril et de mai pour les sapins et pour tous les conifères en général, parce que la séve ne monte pas encore.

Voici un tableau de la force comparative des bois de charpente :

En supposant qu'une barre de chêne supportée par les deux bouts sur des appuis immuables se rompe sous un poids de....... 320 kil.,

La barre de frêne du même carrissage ne se rompra que sous celui de	327
Le chêne du Canada............	286
Le hêtre....................	251
L'orme.....................	164
Le pin.....................	264
Le pin rouge................	217
Le sapin....................	178
Le mélèze...................	182

Au reste, les expériences faites sur la force du bois n'ont rien de bien fixe. On a vu des poutres supporter, sans se rompre, neuf milliers un jour entier, et qui, remises en expérience cinq ou six mois après, rompaient sous une charge de six milliers. Aussi les praticiens recommandent-ils de ne faire porter au bois que les deux tiers de la force que les expériences leur assignent.

Mais en voilà assez sur la force des bois ; je préfère vous faire connaître une découverte précieuse qui a trait à la charpente, puisqu'elle a pour objet de rendre les bois de construction presque indestructibles.

Ce moyen, dû à M. Boucherie, consiste à introduire dans les vaisseaux séreux du bois des solutions salines, telles que le pyrolignite de fer, les sulfates de cuivre et de fer, les chlorures terreux, etc. On plonge l'arbre coupé dans une cuve contenant le liquide à absorber, et ce liquide monte par suite de la force d'ascension qui porte la séve à s'élever dans les vaisseaux. Un excellent moyen consiste à donner à la base de l'arbre tenant encore par ses racines un trait de scie circulaire, et d'établir avec de la terre glaise ou du plâtre, au-dessous de ce trait de scie, un bassin circulaire que l'on remplit du liquide à absorber. On ébranche l'arbre, mais on laisse à son sommet une touffe de feuille qui détermine l'ascension du liquide.

Un peuplier de 40 centimètres à sa base a absorbé en six jours 3 hectolitres de pyrolignite. Un platane de 30 centimètres a absorbé 2 hectolitres de chlorure de calcium en sept jours. Il a été constaté dans la forêt de Compiègne, par des agents forestiers, que, par un hêtre cubant 294 mètres, il a été déplacé, en 24 heures, 3,060 litres de séve pure, qui ont été remplacés par 3,210 litres de pyrolignite de fer.

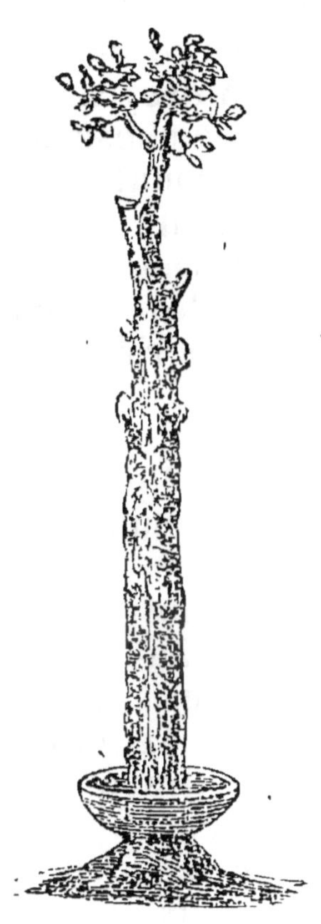

Ces bois ainsi préparés paraissent indestructibles. Des traverses de chemin de fer ont été trouvées, après plusieurs années, dans un état parfait de conservation, tandis que des traverses voisines employées en même temps, mais qui n'avaient pas été soumises au procédé de M. Boucherie, étaient entièrement décomposées.

— Je ne doute pas de l'excellence de cette préparation, dit M. Michel, l'un des charpentiers, mais elle deviendrait peut-être bien coûteuse pour nos travaux courants.

— Je le pense comme vous, répondit M. Legros ; mais ce procédé ne fût-il employé que pour la conservation des travaux des chemins de fer, ce serait déjà une chose importante ; mais il s'appliquera avec avantage aux bois de construction pour des navires, et aux bois destinés à l'ébénisterie, en faisant circuler dans les vaisseaux de ceux-ci des liquides de diverses nuances, propres à varier d'une manière agréable les nuances des bois.

Comme on allait prendre congé de M. Legros, il demanda à M. Michel pourquoi il n'avait pas amené son apprenti, jeune garçon très-intelligent.

— Hier, il était monté sur le faîte d'une maison en construction, afin de poser un écoinson ; apparemment la tête lui a tourné quand il s'est vu à trente pieds de terre, et il est tombé ; heureusement il s'est rattrapé aux branches d'un grand merisier qui était presque sous le toit : il en a été quitte pour une foulure au poignet.

— C'est bien heureux, dit M. Legros ; il aurait pu se tuer ou du moins se casser un membre. On ne saurait trop accoutumer les jeunes gens qui sont destinés à être charpentiers à se livrer à des exercices gymnastiques et à se familiariser avec la vue du vide, de manière à éviter le vertige. Votre apprenti s'est heureusement rattrapé à un arbre, mais j'ai vu un charpentier qui a joué plus gros jeu encore. Il travaillait à l'échafaudage qui a servi au baron Gros à peindre la grande coupole du Panthéon, à Paris; il était à 70 mètres au-dessus du pavé de l'église, lorsque, par un faux mouvement, le pied lui manqua; il devait être broyé sur le sol, mais heureusement, 5 mètres au-dessous, un cordage traversait la coupole; il tomba dessus, le saisit et se hissa, par l'effort des poignets, jusqu'à l'entablement, où il monta avec l'aide de ses camarades, plus saisis et plus effrayés peut-être que lui-même.

Les auditeurs de M. Legros, ayant admiré la force et le sang-froid de cet ouvrier, M. Michel demanda la permission de raconter un acte de sang-froid et d'audace dont un couvreur et un charpentier avaient donné l'exemple à Bruxelles; son grand-père avait été témoin de ce fait.

Un charpentier et un couvreur ayant un jour eu une discussion assez vive sur le degré de courage et de sang-froid qui distinguait les gens de leur profession, il en résulta un défi ou plutôt un pari entre ces deux ouvriers.

Le charpentier fit donc au couvreur la proposition suivante :

Il y a à Bruxelles une tour d'une grande hardiesse qui couronne l'hôtel de ville et qui s'élève à 100 mètres au-dessus du pavé de la grande place. Le charpentier proposa donc de projeter en dehors de l'une des plus hautes fenêtres de la tour une pièce de bois solidement fixée à l'intérieur. Cette pièce, dont la saillie au-dessus du vide devait être de 3 mètres, n'avait que 12 centimètres d'épaisseur. C'était au couvreur à commencer ; il sortit donc de la tour, tenant une ardoise d'une main et un marteau de l'autre. A l'extrémité de la pièce de bois, il s'agenouilla, prit un clou qu'il tenait dans la bouche, et cloua l'ardoise sur l'extrémité de la poutre ; puis, s'étant relevé et retourné, il rentra dans la tour, aux applaudissements de la foule, rassemblée à 250 pieds au-dessous de lui. Le tour du charpentier arrivé, il sortit de la tour, tenant une scie ; il marcha donc sur cet étroit chemin jusque près de son extrémité, et se mit à scier le bout de la solive où était clouée l'ardoise, puis, retirant la scie, il donna un coup de talon sur le

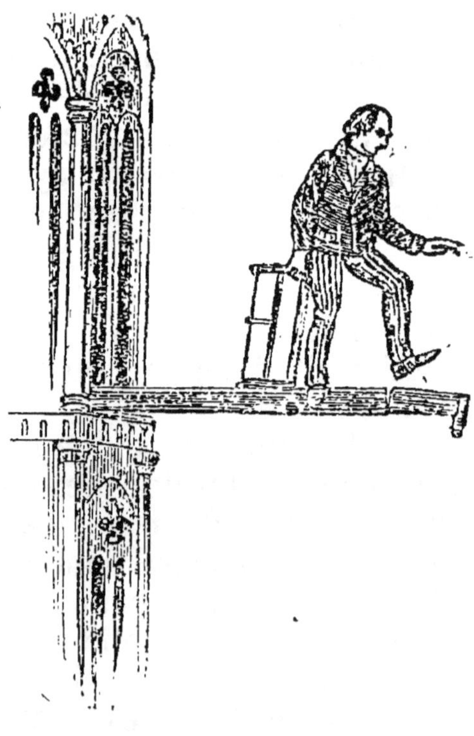

morceau de bois, qui tomba dans la place. De même que le couvreur, il se retourna et rentra dans la tour. La foule, qui avait gardé jusque-là un silence religieux, mais plein d'anxiété, fit retentir l'air de ses acclamations.

Il paraît que la voix publique accorda la palme au charpentier.

— Je le pense aussi, dit M. le curé ; rien que l'action de donner un coup de pied sur le morceau scié, pouvait rompre l'équilibre du charpentier et le précipiter dans l'espace. Rien que la pensée de ce périlleux défi me donne le frisson.

— C'est, en effet, prodigieux, dit M. le maire ; mais je crois que de nos jours la police administrative ne permettrait plus des tours de force aussi dangereux pour ceux qui les exécutent.

— Et elle ferait bien, dit M. Legros. Au reste, au lieu de risquer sa vie dans de semblables défis, il vaut mieux l'employer à l'étude et au travail. La charpenterie, par exemple, renferme une foule de connaissances accessoires qu'il est bon d'acquérir pour s'en servir dans l'occasion. Je vais vous en donner un exemple remarquable. A Rome, gisait au milieu des décombres un obélisque de granit rouge de 25 mètres de hauteur sur 4 de largeur à sa base et 2 1/2 au sommet. Il avait été apporté à Rome sous Caligula ; Sixte-Quint voulait le faire ériger au milieu de la magnifique place de Saint-Pierre, en face du plus beau temple de la chrétienté. Il serait impossible de vous détailler tous les moyens employés par l'architecte Fontana pour transporter une masse dont le poids surpassait 400,000 kil. ;

il n'employa pas moins de 900 ouvriers et 140 chevaux. Enfin l'obélisque est amené à la place qu'il doit occuper. Au moyen de puissants engins on le redresse ; mais il s'agit de l'élever jusqu'à la hauteur du piédestal sur lequel il doit être placé. La masse est soulevée de terre ; elle monte ; un rigoureux silence est prescrit, sous les peines les plus sévères, à la foule anxieuse qui remplit l'immense place ; mais ce poids énorme a relâché les câbles ; il s'en faut de quelques pouces que l'obélisque n'atteigne la hauteur du piédestal, et la disposition des appareils est telle, qu'ils ne peuvent l'élever davantage. Fontana se désespère, il pense à la colère du pape et se voit perdu. Tout à coup une voix s'écrie dans la foule : *Mouillez les câbles.* L'ordre est donné de les inonder d'eau ; les câbles se raccourcissent, et l'obélisque atteint la hauteur du piédestal. Celui qui donna ce conseil était un simple ouvrier charpentier. Il savait une chose que Fontana lui-même ignorait, c'est qu'un câble mouillé se tend et se raccourcit. Il fut magnifiquement récompensé par Sixte-Quint.

TROISIÈME ENTRETIEN.

Le dimanche suivant, on vit chez M. Legros une réunion plus nombreuse que la précédente. Il s'y trouvait, entre les différentes personnes qui y avaient déjà assisté, deux maçons et un couvreur.

— Il ne sera aujourd'hui question, dit M. Legros, ni de menuiserie ni de charpenterie; car nous nous sommes déjà occupés de ces professions. Mais puisqu'il y a des maçons parmi ces messieurs, nous parlerons de leur art, non pour traiter de la partie matérielle de leur profession, qu'ils entendent fort bien, mais pour rappeler quelques principes généraux et leur faire connaître divers procédés nouveaux pour l'amélioration des matériaux qu'ils emploient. Je finirai par quelques observations sur le mode de construction usité dans les campagnes

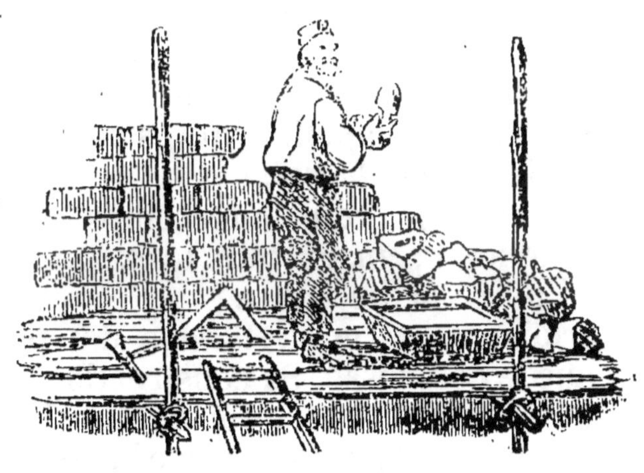

— Dame! dit M. Pileux, nous n'avons pas d'architectes ici pour nous diriger; nous ne sommes que de simples maçons et nous faisons de notre mieux.

— Je le sais, dit M. Legros, et de plus je n'ignore pas que vous êtes intelligents et adroits.

Mais vous parlez d'architectes; savez-vous que les hommes qui ont élevé ces magnifiques édifices consacrés au culte, qui, par leur saisissante hardiesse, leurs vastes proportions et l'harmonie qui y règne, font encore et feront toujours l'admiration des connaisseurs : je veux parler de Notre-Dame et de la sainte Chapelle de Paris, des cathédrales d'Amiens, de Chartres, de Strasbourg, de Rouen, de Saint-Ouen de la même ville, et d'une foule d'autres édifices religieux répandus sur le sol de notre France; savez-vous, dis-je, que ces hommes s'honoraient du titre de maçons et coopéraient quelquefois du travail de leurs mains à l'érection des chefs-d'œuvre qu'ils avaient conçus? témoin Ervin de Steinbach, le constructeur de la sublime cathédrale de Strasbourg, qui en sculpta plusieurs chapiteaux, et Robert de Nanteuil, celui de la sainte Chapelle, qui s'intitulait modestement le *maçon du roi*.

— Pardon si je vous interromps, dit M. le curé de Vétheuil; mais vous avez sans doute remarqué notre petite église?

— Certainement, et c'est l'une des plus curieuses que je connaisse. Sa construction est fort ancienne, et je la reporterai au XIIe siècle, à cause du narthex (1) qui en forme l'entrée; puis

---

(1) Le narthex est un porche intérieur qui précède la nef et qui en est séparé par un second portail. Cette disposition, qui se reproduit fréquemment dans les églises romanes, rappelle l'usage des premiers temps de l'Eglise, lorsque l'entrée du temple n'était accordée qu'aux chrétiens, tandis qu'on assignait aux catéchumènes une place séparée hors de l'enceinte. L'église de Saint-Germain-l'Auxerrois de Paris présente un narthex fort remarquable.

elle porte tous les caractères de l'architecture lombarde, qui précéda le style gothique. Toutefois elle renferme des portions qui appartiennent à la Renaissance, époque où elle subit sans doute des réparations.

Mais revenons à la maçonnerie; donnons d'abord un aperçu des connaissances les plus utiles à cette profession, prise dans son ensemble.

Nous savons tous qu'elle comprend la *grosse maçonnerie*, qu'on appelle *limousinage*, parce qu'elle est en général exécutée par des ouvriers limousins : elle comprend les travaux de fondation, la structure des murs et des voûtes; et la *maçonnerie légère*, telle que cloisons, enduits crépis, feuillures, plafonds, corniches, etc. Celle-ci est du ressort du compagnon et s'exécute en plâtre.

Je n'entrerai dans aucun détail sur le *hourdage*, maçonnerie grossière de plâtras, moellons et plâtres, ou bien une première couche de gros plâtre mise sur un lattis jointif pour former une cloison ou l'aire d'un plancher. Je ferai de même pour les *ravalements*, qui comprennent le *crépi* ou *gobetis*, couche de gros plâtre jetée à la truelle sur un mur, de manière à former une couche raboteuse, et pour l'*enduit*, plâtre étendu, lissé à la truelle, aplani avec le grattoir.

Un bon maçon doit savoir un peu de dessin linéaire et de géométrie. La maçonnerie, qui, à toutes les époques, a été associée à l'architecture, exige la connaissance des principes de cet art. En outre, l'état de maçon nécessite des connaissances pratiques sur la nature des matériaux qu'il emploie.

Les principaux sont la pierre de taille, les moellons, les briques, les lattes, le plâtre, la chaux, le béton, les cailloux, etc.

On divise les pierres en quatre classes, savoir : les pierres argileuses, les pierres calcaires, les pierres gypseuses, et les pierres siliceuses, ou faisant feu avec l'acier.

Le caractère de la pierre argileuse est de ne pas faire effervescence avec les acides et de ne former ni chaux ni plâtre en la mettant au feu. Elle est douce au toucher et peut se diviser en lames : tels sont les schistes et les ardoises.

Les *pierres calcaires* se reconnaissent, parce qu'étant exposées à l'ardeur du feu, elles se réduisent en chaux. Elles font effervescence et se dissolvent dans les acides.

La pierre gypseuse, dont il y a plusieurs espèces, est formée par une combinaison de l'acide sulfurique et de la chaux, combinaison qu'on nomme *sulfate de chaux* ou *chaux sulfatée*. Soumise au feu, elle se convertit en plâtre. C'est la *pierre à plâtre*.

Les pierres siliceuses sont principalement composées de silice, partie constituante des grès et du silex ou pierre à feu.

Le grès ne sert qu'à faire du pavé et le silex est employé pour la confection du béton.

En général, on doit préférer la pierre dure à la pierre tendre; mais il y a de la pierre tendre qui, en se desséchant, c'est-à-dire, perdant à l'air son eau de carrière, se durcit et devient fort bonne. Toutefois, comme toutes les pierres tendres sont sujettes à geler, on doit les tirer de préférence l'été de la carrière et les laisser quelque temps sur la forme avant de les employer. Au reste, voici un moyen facile de reconnaître les pierres *gélives*, que l'on doit à M. Brard, ingénieur des mines. Saturez-les avec une dissolution de sulfate de soude (1), puis exposez-les au contact de l'air; si elles sont gélives, elles ne tarderont pas à se fendre.

Le poids de 34 décimètres cubes, correspondant, à peu de chose près, à l'ancien pied cube, est de 70 kilogrammes; celui de la pierre tendre est de 57 kilogrammes.

Un excellent architecte, M. Rondelet, auteur de l'ouvrage sur l'art de bâtir, a établi les règles suivantes pour juger de la qualité des pierres :

1° Que, dans toutes sortes de pierres, la pesanteur, la force, la dureté, la nature du grain, la contexture plus ou moins serrée, sont des qualités qui semblent se déduire les unes des autres;

2° Que les pierres dont la couleur tire sur le noir ou le bleu sont plus dures que les grises, et celles-ci, que les blanches ou rousses, et qu'en général celles qui ont les couleurs les plus claires sont ordinairement moins fortes et moins pesantes;

3° Que les pierres dont le grain est homogène et la texture uniforme sont plus fortes que celles dont le grain est mélangé, quoique

(1) C'est le sel de Glauber, que l'on trouve chez tous les droguistes.

ces dernières soient quelquefois plus dures et plus pesantes.

4° Les qualités des pierres influent aussi sur la manière dont elles s'écrasent; celles qui ont le grain fin, la texture homogène et compacte, et qui rendent un son clair lorsqu'on les frappe, se divisent en lames ou aiguilles; les plus fières se brisent tout à coup et avec bruit, et se réduisent en poudre.

5° Les pierres dont le grain est moins fin et qui ne résonnent que peu ou point se décomposent en pyramides, ayant pour base les surfaces du solide, de manière que les pointes se réunissent au centre, où la pierre se réduit en poussière; les deux pyramides ayant le dessus et le dessous du solide chassent celles du tour; ces dernières se divisent par fentes verticales.

6° Toutes les espèces de pierres éprouvées ont diminué sensiblement de hauteur avant de s'écraser et même de se fendre. Cette diminution a été plus considérable dans les pierres qui se décomposent en pyramides.

7° Lorsque les pierres avaient en hauteur plus de deux fois la largeur de leur base, les parties comprises entre les pyramides formées se fendaient verticalement en se divisant en lames ou en aiguilles.

8° On a éprouvé qu'il faut encore moins de force pour faire fendre les pierres vives que pour les écraser, tandis que les pierres molles s'écrasent plutôt qu'elles ne se fendent.

9° La force des pierres du même genre est à peu près comme le cube de leur pesanteur spécifique.

La pierre qu'on emploie ordinairement à Paris est le calcaire grossier, dont on trouve d'immenses carrières sous la partie méridionale de cette ville.

— Elles doivent être immenses, en effet, dit M. le curé de Nétheuil, si l'on en a tiré toute la pierre qui a servi à la construction de cette ville.

— Pas absolument toute, surtout à l'époque moderne. On extrait aujourd'hui beaucoup de pierres dites pierres de liais et autres des plaines de Montrouge, d'Arcueil et de Bagneux, près de Paris. On en tire des carrières de Maisons et de Saint-Cloud, de Conflans-Sainte-Honorine, de Nogent-sur-Pise, de Senlis et surtout de Saint-Leu. On emploie encore à Paris la pierre de Tonnerre et de Château-Landon, pierre très-dure ou plutôt marbre grossier.

— N'est-ce pas avec cette sorte de pierre que l'on vient de construire les magnifiques parapets à balustres du nouveau pont Saint-Michel de Paris ?

— Précisément. Vous avez dû également remarquer le dallage, qui, de même que la plupart des nouveaux trottoirs de Paris, est en granit de Cherbourg, bien supérieur en dureté aux autres granits que fournit la France. Mais revenons aux carrières sous Paris. Vous disiez donc, monsieur le curé, qu'elles doivent être immenses. Elles le sont en effet. C'est là qu'on a déposé les ossements trouvés dans les anciens cimetières et particulièrement dans celui des Innocents. Une portion de ces carrières, désignée sous le nom de *catacombes*, est consacrée à ce vaste dépôt funèbre. Depuis 1786 on a versé dans ces souterrains les ossements de plus de trois millions de cadavres.

Je vais vous donner une idée des catacombes; car on ne donne plus de permission pour les visiter.

Après avoir descendu plus de deux cents marches au-dessous du sol par un escalier pratiqué dans une petite construction située près du mur d'enceinte de la barrière Saint-Jacques, on s'avance par une galerie étroite, de laquelle on s'écarte quelques instants, pour examiner un plan en relief de la forteresse de Port-Mahon, puis on considère une ruine située de la manière la plus singulière; enfin, on arrive à une espèce de vestibule au fond duquel est une petite porte noire, accompagnée de deux pilastres toscans. Elle s'ouvre, et vous vous trouvez au milieu d'un immense ossuaire éclairé par des lampes projetant une lumière funèbre. Les parois sont bordées, à un mètre et demi de hauteur, d'une muraille d'ossements choisis parmi ceux qui se sont trouvés presque intacts et rangé avec symétrie; deux tibias en croix au-dessou de chaque crâne et tous ces crânes alignés comme les assises d'une construction forment le parement extérieur, derrière lequel sont jetés pêle-mêle les ossements brisés ou avariés.

Un froid saisissement vous serre le cœur en contemplant ces débris de la mort, où gisent jeunesse, talents, vertus, confondus avec le vice et l'ignorance. De loin en loin des autels, des croix rappellent en nous l'idée de la vie future et l'espoir d'un meilleur avenir après le repos. Çà et là on lit des inscriptions dont plusieurs sont belles par leur simplicité. On remarque dans ces excavations la salle du *Memento*, la *fontaine de la Samaritaine;* mais l'objet qui impressionne le plus vivement le visiteur est la tombe des victimes du massacre des prisons. Leurs ossements sont religieusement cachés derrière une grande table de marbre noir, sur laquelle on lit seulement ces trois mots, bien autrement émouvants qu'une longue épitaphe : 2 et 3 septembre.

Dans un caveau attenant aux galeries, on avait réuni tous les ossements présentant des cas pathologiques curieux. J'ignore si cette collection existe encore.

— Mais pourquoi a-t-on interdit l'entrée des catacombes ?

— Parce qu'on craint les accidents auxquels peuvent donner lieu les nombreux affaissements qui arrivent de temps à autre, sans parler d'une maison engloutie en 1726, à 26 mètres de profondeur. J'ai vu un arbre du Luxembourg qui avait également disparu entièrement. Ces éboulements ont donné lieu dans les carrières à d'immenses travaux de consolidation; car le quartier de l'Observatoire, les rues Saint-Jacques, de la Harpe, d'Enfer, de Tournon, de Vaugirard, de l'Ouest, la partie sud du boulevard de Sébastopol, tout le faubourg Saint-Marcel, le Panthéon et Saint-Sulpice, sont fondés sur des abîmes souterrains.

L'une des raisons qui ont donné lieu à cette interdiction est sans doute l'accident qui manqua d'arriver à l'inspecteur général des carrières de Paris.

— Quel accident? demanda M. le curé.

— M. le comte Héricart de Thury était invité à dîner chez un ami, dans le voisinage de l'entrée de ces carrières. On ne devait se mettre à table que dans une demi-heure; M. Héricart de Thury demanda la permission de l'employer à une vérification qu'il avait à faire dans les carrières, promettant d'être de retour avant l'heure du dîner. Un de ses amis demandant à l'accompagner, ils partirent ensemble.

L'heure où l'on devait se mettre à table s'est écoulée, et les deux absents ne reviennent pas. Au bout d'une heure on s'inquiète. Le retard se prolonge. Enfin on prend la résolution d'aller à la recherche des retardataires.

L'entrée des catacombes était alors à Mont-Souris, près de la barrière Saint-Jacques. On se dirige vers cette entrée, après s'être munis de flambeaux et s'être fait accompagner par quelques ouvriers des carrières que l'on avait été chercher chez eux; car l'heure du travail était passée. La porte souterraine ouverte, on descend les deux cents marches qui conduisent aux catacombes. Guidés par un vieil ouvrier qui en connaissait tous les détours, on parcourt l'immense labyrinthe de rues souterraines en faisant retentir les voûtes de cris d'appel. Personne ne répond. Les assistants étaient en proie à l'inquiétude la plus vive; depuis une heure qu'on marchait dans ces souterrains, on s'était avancés inutilement jusque sous les plaines de Montrouge et de Vaugirard. L'un des assistants avait proposé d'aller chercher une arme à feu et de tirer des coups de fusil dans ces galeries, afin d'avertir M. Héricart et son compagnon de la direction qu'il fallait prendre ; mais l'ouvrier s'y opposa en faisant remarquer que cela donnerait immanquablement lieu à des fontis.

Enfin, comme on repassait dans une galerie, l'ouvrier jeta les yeux vers une issue latérale et s'écria : « Mais il y a là un fontis tout récent ; car il me semble bien que cette galerie était ouverte ! » On s'approche, on crie, aussitôt on entend comme un son faible derrière ce tas de décombres. Vite les ouvriers s'arment de pelles et de pioches, on travaille avec activité, les voix deviennent plus distinctes ; il n'y a plus de doute, M. Héricart de Thury est avec son compagnon derrière le fontis. Enfin, après une heure de travail, on parvient à les délivrer, non sans danger, de nouveaux éboulements.

Vous voyez actuellement, ajouta M. Legros, pourquoi le public ne visite plus les catacombes et les carrières.

— Elles sont donc tout à fait abandonnées ?

— Non pas, dit M. Legros ; des ouvriers sont toujours occupés aux consolidations, puis des maraîchers en louent quelques portions pour établir des couches à champignons, qui prospèrent dans ces souterrains.

Revenons aux matériaux dont nous parlions tout à l'heure.

Toutes les provinces de la France ne sont pas aussi bien partagées que les environs de Paris en pierre à bâtir. Dans la Sologne elle manque généralement ; elle est également très-rare dans le nord de la France, où on la remplace par des briques. Les pierres que l'on exploite en Champagne sont d'une nature crayeuse et présentent peu de solidité. La superbe cathédrale de Troyes a éprouvé par cette raison des dégradations qui menaçaient de devenir plus considérables, si l'on n'eût trouvé le moyen de changer la nature de la pierre.

— Vous entendez, sans doute, Monsieur, di l'un des maçons, que l'on a changé les pierres les plus détériorées?

— Point du tout; on a changé la nature de leur superficie en l'imbibant d'un liquide qui pénètre la pierre à une certaine profondeur en lui donnant avec une grande dureté un caractère presque indestructible.

— C'est prodigieux! s'écria le même maçon.

— Je vais vous expliquer cette théorie, et cela vous paraîtra tout simple.

La chaux, l'alumine, la magnésie, la strontiane et la silice sont autant d'oxides métalliques. Il y a donc des métaux nommés aluminium, magnésium, calcium, strontium et silicium, sans parler des autres métaux dont il ne sera pas question ici. Je ne vous parlerai pas de l'aluminium, ce métal à la mode en même temps si précieux par son inaltérabilité, ni du magnésium, métal blanc peu connu. Quant au calcium, il a l'éclat du plomb; mais à l'air ou mis en contact avec l'eau, il se décompose, s'enflamme et se convertit en oxide ou chaux. Le strontium se comporte de même. Quant au silicium, on ne l'a obtenu qu'à l'état cristallin. L'acide silicique, c'est-à-dire la silice, forme les sables, les silex, les grés, le quartz, le cristal de roche, les agathes, les améthystes. C'est, au reste, l'une des substances les plus répandues sur le globe. Combinée avec une base terreuse ou métallique, elle forme des *silicates*. Le silicate de potasse est donc un composé de sable et de potasse qu'on réduit à l'état gélatineux. En mettant du sable dans un creuset et en le calcinant avec quatre fois son poids de potasse de commerce, on obtient ainsi une masse blanche que l'on fait dissoudre dans l'eau. En versant de l'acide chlorhydrique dans cette liqueur, il se forme du chlorure de potassium, et l'acide silicique, combiné à l'eau, se précipite sous la forme d'une gelée transparente; c'est avec cette gelée, qui n'est que du sable dissous dans l'eau et formant ce qu'on appelle *liqueur de cailloux*, qu'on enduit les pierres crayeuses. La silice liquéfiée pénètre dans la pierre et la durcit à l'égal du grès. La même chose a lieu si on trempe dans cette liqueur un morceau de craie ordinaire. Fabriquée en grand, la liqueur des cailloux est peu coûteuse.

En voilà assez sur les pierres, ajouta M. Legros. Si nous disions actuellement quelques mots sur les chaux et les mortiers hydrauliques et non hydrauliques ?

M. Legros, ayant vu que cette proposition était agréable, commença ainsi :

— Tout le monde sait que les mortiers sont des mélanges de chaux et de sable quartzeux grossiers; exposés un certain temps à l'air, ils prennent une grande dureté. Pour qu'un mortier ordinaire (car je ne parle pas encore des mortiers hydrauliques) agrége suffisamment, il ne doit pas se dessécher trop vite ; aussi a-t-on remarqué que les mortiers employés dans l'arrière-saison sont de meilleure qualité que ceux qui sont employés en été.

On a reconnu que la masse entière du mortier mis en œuvre dans une construction n'éprouve jamais une entière solidification. On s'est assuré que les parties du mortier placées dans l'intérieur des murs sont souvent dans l'état d'humidité où elles se trouvent lors de leur application : les couches extérieures garantissent les couches intérieures de la dessiccation.

Ces mortiers se solidifient donc lorsqu'ils sont exposés à l'air ; mais ils se désagrégent complètement lorsqu'on les met en contact avec l'eau.

Le calcaire pur, du marbre par exemple, soumis à la calcination, donne une chaux qui, dans son contact avec l'eau, s'échauffe, absorbe beaucoup d'eau et foisonne considérablement : *c'est la chaux grasse*. Lorsque le calcaire que l'on veut convertir en chaux contient une forte proportion de magnésie, de sable quartzeux ou d'oxide de fer, mais peu ou point d'argile, il donne une chaux qui s'échauffe peu et ne foisonne point. On lui donne le nom de *chaux maigre*. Elle se durcit à l'air au bout d'un certain temps.

Mais si ces calcaires contiennent une certaine quantité d'argile (ou alumine), ils produisent par la calcination une chaux toute différente. Au lieu de s'hydrater vivement, comme la chaux grasse, elle ne se combine que lentement avec l'eau, et ne foisonne pas ; elle forme une pâte courte et prend une grande dureté; on lui donne le nom de *chaux hydraulique.*

La qualité de la chaux hydraulique varie en raison de la quantité d'argile qu'elle contient.

Une pierre à chaux moyennement hydraulique renferme 8 à 12 pour 0/0 d'argile; elle donne une chaux qui se durcit après quinze à vingt jours d'immersion.

Si la pierre calcaire contient 15 à 18 centièmes d'argile, la chaux qu'elle donnera prendra en huit jours.

Si elle est tout à fait hydraulique, la chaux se durcira du troisième au quatrième jour.

Enfin, lorsque la proportion d'argile monte de 30 à 40 pour 0/0, elle prend le nom de *ciment romain.*

Le ciment romain est donc le produit de calcaire très-argileux, et il acquiert une excessive dureté après avoir été plongé dans l'eau durant seulement quelques minutes.

M. Vicat, auquel on doit de beaux travaux sur les chaux et les ciments, a indiqué les moyens d'obtenir des chaux hydrauliques d'une manière artificielle en calcinant des mélanges de carbonate de chaux et d'argile.

Voici comment on prépare la chaux hydraulique dans les environs de Paris : on délaie dans l'eau un mélange de 1 partie d'argile de Passy et de 4 parties de craie de Meudon; ces matières sont mêlées par une meule verticale qui tourne dans une auge circulaire. L'espèce de bouillie qui en résulte s'écoule dans des bassins de maçonnerie où elle se forme en dépôt. On forme avec ce dépôt de petites mottes en forme de trochisques, qu'on laisse sécher à l'air et qu'on calcine modérément.

Mise en contact avec l'eau, cette chaux hydraulique ne foisonne que des deux tiers de son volume, tandis que la chaux grasse triple son volume.

Au reste, on reconnaîtra une chaux hydraulique de bonne qualité, soit naturelle, soit artificielle, en versant dessus un acide, tel que l'acide sulfurique ; elle s'y dissoudra.

Parlons des mortiers hydrauliques. Les substances que l'on mélange à la chaux pour lui donner de la consistance sont ou inertes ou actives. Dans la première classe sont les sables et les cailloux. Mélangés à la chaux grasse, ils ne modifient en rien son action sur l'eau, mais ils peuvent, le sable surtout, augmenter sa cohésion.

Il n'en est pas de même des pouzzolanes (1). Ce sont des matières actives et énergiques qui peuvent même rendre hydrauliques la chaux grasse, les argiles cuites, les tuiles et les briques pulvérisées. Les tripolis se comportent comme la pouzzolane, mais à un degré un peu inférieur. Il en est de même de la *terrasse de Hollande* et de la *cendrée de Tournay*, poudre formée par les débris à moitié calcinés d'une pierre bleue avec laquelle on fait de la chaux, débris qui se mêlent aux cendres de charbon de terre. Toutes ces substances, combinées avec la chaux grasse, forment un mortier qui durcit à l'eau.

---

(1) Les pouzzolanes sont des produits volcaniques provenant des éruptions du Vésuve. Elles furent découvertes par les Romains près de Pouzzoles, d'où elles tirent leur nom.

Je me suis un peu étendu sur les chaux et les ciments, parce que ces matières jouent un rôle bien important dans l'art du maçon; mais n'oublions pas le plâtre.

Le plâtre, dont le nom scientifique est *sulfate de chaux*, est une combinaison de l'acide sulfurique et de la chaux. Vous connaissez tout aussi bien que moi les degrés de cuisson, et beaucoup mieux que moi la manière de l'employer. Je vous dirai seulement que le plâtre gâché dans une solution tiède d'alun, substance à bas prix, offre à l'emploi une dureté beaucoup plus grande que le plâtre ordinaire. Dans cet état, il est précieux pour faire des pieds droits et des tablettes de cheminées et tout ce qui est exposé à la fatigue. Vous durcirez également le plâtre en l'imbibant d'une solution de silicate de potasse, dont nous avons déjà parlé.

Voulez-vous faire du stuc avec le plâtre, afin de revêtir des murs, des colonnes, et confectionner des objets d'ornements de manière à imiter le marbre? Prenez du plâtre choisi et passé au tamis, gâchez-le avec une dissolution de colle de Flandre, la plus blanche possible, si c'est pour faire des stucs blancs. Si vous voulez des stucs colorés, mêlez-y des substances minérales que vous aurez dissoutes dans l'eau de colle, telles que du vert-de-gris, du bleu de Prusse, de l'ocre jaune, du jaune de chrome, du rouge de Prusse, etc., etc. Pour obtenir des stucs rubanés ou marbrés, on mêle avec goût des plâtres diversement colorés. Lorsque le plâtre ainsi préparé a pris la consistance convenable, on le ponce et on lui donne, en frottant avec un morceau de drap légèrement imprégné de cire, le brillant du marbre, brillant qu'on lui donnera également avec un vernis au copal pour les objets qui doivent être particulièrement soignés.

L'eau de colle donne de la dureté au plâtre, mais il met un peu plus de temps à prendre.

On a calculé que le seul département de la Seine consomme annuellement six millions six cent mille hectolitres de cette utile substance. Les carrières de Montmartre ont longtemps fourni la presque totalité du plâtre employé à Paris, mais aujourd'hui elles sont presque épuisées et on les a fait en partie écrouler à l'aide de la poudre ou de la sape, afin de convertir le sol supérieur en terrain à bâtir et d'empêcher

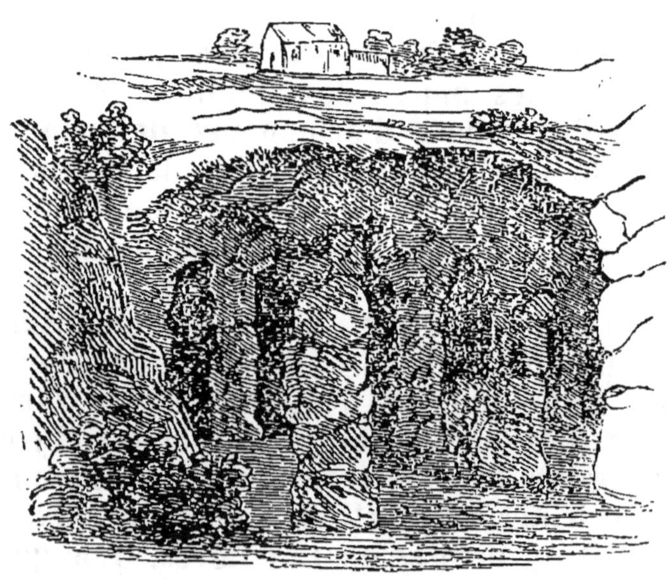

Ancienne Carrière de Montmartre.

qu'elles ne se changent par des éboulements en abîmes capables d'engloutir des maisons entières et ceux qui les habitent. Ces carrières, que j'ai vues et explorées dans le temps, présentaient un coup d'œil fort curieux.

Aujourd'hui quelques hauteurs voisines de Montmartre, celles d'Argenteuil, de Lagny et de Triel, fournissent beaucoup de plâtre à la capitale.

L'heure qui s'avance ne nous permet pas de parler de diverses choses accessoires qui intéressent le maçon, telles que le pavage, le carrelage, les toitures. Je voudrais également parler du pisé et de divers modes de construction ; mais ce sera, pour les prochaines réunions, si cela peut vous intéresser. Mais auparavant et crainte de l'oublier, la fois prochaine, je veux faire une petite querelle aux ouvriers du bâtiment et particulièrement aux maçons : ils manquent souvent de précaution et même quelquefois de raisonnement dans l'établissement de leurs échafaudages. Je viens de lire dans mon journal qu'à Coucy, où il y a un château, reste magnifique de l'architecture du moyen âge, on faisait des réparations au donjon ; un maçon, monté sur un échafaud volant, à plus de 30 mètres au-dessus du sol, s'efforçait de faire entrer une pierre neuve dans la cavité qu'il avait préparée ; ne pouvant y parvenir, il appela deux de ses camarades pour l'aider ; tous les trois se mirent à pousser la pierre avec tant de force, que l'échafaud, s'écartant du mur, comme ils auraient dû s'y attendre, laissa tomber dans le vide, de cette hauteur effrayante, les trois malheureux ouvriers et la pierre. C'est vous dire qu'on ne releva que trois cadavres.

QUATRIÈME ENTRETIEN.

— Si je me rappelle bien ce dont nous sommes convenus, dit M. Legros en s'adressant aux visiteurs, je dois vous entretenir de quelque art qui ait un rapport intime avec la maçonnerie; mais je le ferai d'une manière très-succincte.

Parlons d'abord de la toiture. Il existe quatre genres principaux de couvertures : le chaume, la tuile, l'ardoise et le zinc.

Le chaume serait le mode le plus avantageux pour les chaumières, car il est le plus économique et le plus chaud l'hiver, sauf le danger du feu, danger devenu bien plus grand depuis l'introduction des allumettes phosphoriques. Je pose en fait que les deux tiers des incendies sont causés par ces malheureuses allumettes, dont on ne pourrait plus se passer, mais qu'on devrait toujours tenir hors de la portée des enfants. Aussi l'autorité a-t-elle interdit les couvertures en chaume dans les constructions nouvelles. Toutefois, si on avait le soin de garnir le chaume en dessus et en dessous d'un enduit de terre grasse mêlée de paille hachée et d'une certaine quantité de sable, pour l'empêcher de se fendiller en séchant, on éviterait bien des incendies.

— Voilà un moyen qui me semble excellent ; mais quelle épaisseur donne-t-on à cet enduit ? dit un fermier.

— Quatre centimètres en dessus et trois centimètres en dessous ; de plus, il faut avoir soin de boucher les fentes avec de la terre grasse à mesure qu'elles se forment.

Après le chaume, dans l'ordre économique, vient la tuile. C'est la plus solide des couvertures, mais elle doit être soutenue par une charpente; car c'est en même temps la plus lourde, surtout les tuiles creuses et les tuiles en S.

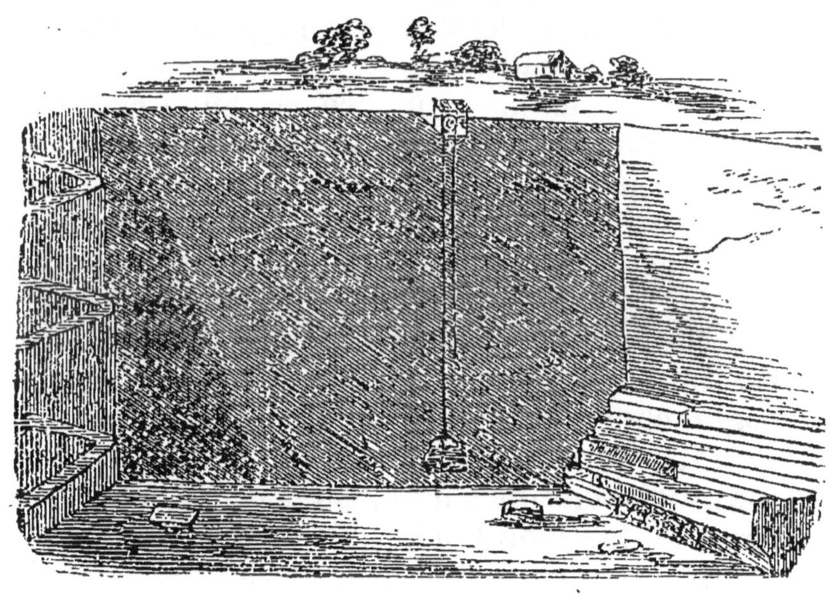

Vue d'une carrière près d'Angers.

L'ardoise est la plus chère et dure moins longtemps que la tuile. Vous savez que les meilleures ardoises se tirent de l'Anjou ; leurs bancs y forment des masses énormes qui viennent effleurer le sol et s'enfoncent à une grande profondeur. On exploite généralement ces carrières à ciel découvert. Lorsque, de leur bord coupé à pic, vous voyez au fond de la carrière des ouvriers occupés à fendre un bloc, au moyen d'une rangée de coins sur lesquels ils frappent tous simultanément, ils vous paraissent tous des pygmées, tant la profondeur est grande et la carrière vaste. La bonne ardoise se trouve en dessous; celle des premiers lits est roussâtre, s'attendrit et se pourrit même lorsqu'elle est exposée à l'eau. Nous ne dirons rien de la couverture de zinc, qui ne convient pas, en raison de son prix, aux demeures villageoises. Passons donc à autre chose.

Je vais vous faire un procès, mon cher N..., non à vous directement, que je connais pour un homme judicieux, mais aux maçons de campagne en général. Expliquez-moi pourquoi on continue à faire, dans la plupart des communes rurales, surtout dans celles qui sont éloignées des villes, de petites fenêtres aux chaumières. Il semble, en vérité, que les gens de la campagne cherchent à fuir le jour et la lumière; ils savent fort bien cependant que ces deux choses sont indispensables à l'existence; ils n'ignorent pas que, faute de lumière, les plantes jaunissent et s'étiolent; et ne voient-ils pas les végétaux, les arbres eux-mêmes, incliner naturellement leurs branches et leurs tiges vers l'endroit d'où viennent l'air et la lumière? Eh bien! il en est de même de nous; nous devrons également dépérir, si l'on nous retranche une portion de ces éléments de la vie. Je sais bien ce que vous allez me dire, que vous prenez assez d'air dans les champs ; cela est en effet bien heureux, car sans cela.... Mais vous n'y êtes pas toujours, et lorsque l'âge, la maladie, les infirmités vous retiendront au logis, vous n'y respirerez qu'un air vicié.

Vous me répondrez encore que vous vous portez bien en vivant ainsi. Mais vous vous porteriez mieux encore dans des endroits plus éclairés et surtout mieux aérés.

— Monsieur Legros, vous avez sans doute raison, dit l'un des maçons ; mais les paysans tiennent aux usages, bons ou mauvais. Ils disent que du temps de leurs pères on bâtissait ainsi, et ils font de même. En outre, ils s'imaginent qu'avec de petites fenêtres ils auront plus chaud l'hiver, puis ils pensent que la maçonnerie leur reviendra moins cher que la menuiserie de fenêtres plus grandes, quoique, en vérité, il y ait bien peu de différence ; car, les matériaux étant bons, le plein coûte autant que le vide. Cependant il faut dire aussi que dans beaucoup de communes on commence à bâtir à la moderne.

— Tant mieux, si les constructions villageoises tendent à s'améliorer ; mais il est encore nombre de provinces où le progrès ne s'est pas encore fait sentir. Le paysan qui s'imagine qu'il aura plus chaud dans ces espèces de caves ne sait donc pas qu'en hiver des murs cimentés en terre, comme toutes les constructions de campagne, donnent un froid humide plus nuisible que celui qui peut se transmettre à travers les vitres d'une fenêtre bien fermée ?

Ensuite, si dans les temps anciens on faisait de petites fenêtres dans la demeure du pauvre, c'est que le verre était cher alors ; on ne faisait que de petits carreaux et on en mettait le moins possible; mais tout est bien changé depuis.

Vous n'êtes pas quitte, ajouta M. Legros ; j'ai encore un procès à faire aux maçons de campagne. Pourquoi bâtissent-ils toujours les maisons à rez-de-terre, et même quelquefois plus bas que le sol? L'hiver, dans les temps pluvieux, l'humidité pénètre dans l'intérieur; le sol de la chambre où l'on se tient, qui est toujours au rez-de-chaussée et qui, le plus souvent, n'est ni planchéiée, ni carrelée, se détrempe, et l'on y marche littéralement dans la boue. Que coûterait-il donc, surtout lorsque le bâtiment n'est pas élevé sur cave, d'exhausser les fondations de 30 à 35 centimètres de hauteur, et d'établir l'aire de la chambre sur un lit de pierres sèches élevé à la même hauteur?

— Vous avez encore raison, monsieur Legros; mais je vous répondrai la même chose que pour les fenêtres : les paysans les veulent ainsi, parce qu'ils économisent quelques mètres de mauvais moellons, et parce que leurs pères faisaient de même. Mais je vous promets, ainsi que pour les dimensions des fenêtres, de faire mon possible pour propager vos idées.

— Nous aurions tort de nous étonner, dit M. Legros en s'adressant à M. le curé, des idées fausses qui règnent encore dans les campagnes. Ne voit-on pas autour de Paris, dans les communes situées entre la capitale et les fortifications, s'élever de toutes parts, aujourd'hui encore, des maisons à rez-de-terre, quelquefois sans caves, et qui doivent être inhabitables l'hiver à cause de l'humidité? De plus, les escaliers sont étroits, les chambres basses et petites, les logements insuffisants. En un mot, la nuit, lorsque tout est clos, l'air n'y doit point circuler ; et ces constructeurs ou ces propriétaires sont d'autant moins excusables, qu'ils ont de bons exemples sous les yeux et qu'ils ne peuvent pas s'appuyer sur l'exemple de leurs pères.

Il est vrai que toutes ces constructions sont le plus souvent dirigées, non par un architecte, ni même par un entrepreneur, mais par le propriétaire lui-même, qui entend que le moindre bout de terrain lui soit productif.

— Il y a peu d'entrepreneurs proprement dits en province, dit un maître maçon qui avait accompagné M. Pileux, et surtout, comme vous le pensez bien, dans les petites localités ; car il n'y aurait point de quoi les faire vivre, ou bien ils devraient rogner le salaire de l'ouvrier.

J'ai cependant travaillé, aux environs de Rouen, sous un entrepreneur qui, pour augmenter son bénéfice, avait imaginé de fournir la nourriture à ses ouvriers. Il leur donnait donc force soupes épaisses et bien garnies de pommes de terre, choux et autres légumes, mais peu de viande. Les ouvriers se rejetaient sur le pain ; notre entrepreneur, qui voyait chaque jour faire de fortes brèches à l'énorme miche qu'on apportait, imagina un moyen d'en diminuer la consommation. Lorsqu'il avait coupé à chacun sa pitance, il s'accoudait sur la miche, tout en parlant et en contant des histoires plus ou moins comiques. On ne voulait pas l'interrompre et on restait sur sa faim. Mais un compagnon charpentier, plus avisé que nous autres, avait taillé, avant le repas, un morceau de charpente en forme de miche. Lorsqu'il vit son patron accoudé selon son usage, il s'avança vers lui d'un air poli, tenant sa casquette d'une main et lui présentant son morceau de bois de l'autre, en lui disant :

— Patron, si cela vous est égal, ceci vous sera plus commode que le pain.

Le patron devint rouge jusqu'aux oreilles ; il délivra la miche, et, depuis ce moment-là, chacun mangea du pain à sa guise.

— La leçon était bonne et l'idée du charpentier était fort originale, dit M. Legros. A Paris, les entrepreneurs en maçonnerie ne nourrissent jamais leurs ouvriers. Ceux-ci vont prendre leurs repas chez de petits traiteurs, ou, pour parler plus exactement, chez des gargotiers où on leur sert la soupe et le bouilli pour 25 centimes. Ils apportent leur pain avec eux et joignent à leur modeste repas un verre de vin.

Au reste, les maçons qui travaillent à Paris sont des gens fort économes ; presque tous viennent du Limousin ou du département de la Creuse, et, dans l'hiver, lorsqu'il y a chômage, ils retournent dans leur pays acheter avec leurs économies un bout de terre, pour joindre à ceux qu'ils possèdent déjà. Il résulte de cela que dans ce département, dont le sol est maigre et peu productif, la terre se vend fort cher.

Au résumé, cela fait leur éloge, car on doit son estime aux hommes qui ont l'amour du foyer domestique, et qui, après avoir laborieusement gagné au loin des moyens d'existence, vont les reporter au sein de leur famille et finir leurs jours dans le village qui les a vus naître. Plusieurs d'entre eux ont donné de beaux exemples d'attachement et d'amitié.

En voici un tout récent, que je vais me donner le plaisir de vous raconter :

Au milieu du mois de juin dernier, on entendit crier : « Au secours! à l'aide! un éboulement vient d'arriver sur la place de l'église, et il y a un homme d'enseveli ; au secours ! vite au secours ! » A ces cris d'alarme, qui mirent toute la commune de Ménil-Montant sens dessus dessous, journaliers de quitter leurs travaux, marchands de déserter leurs boutiques, et tout le monde de courir vers la place où venait d'avoir lieu l'accident. Or, c'était dans le puits d'une maison située sur cette place qu'était l'homme englouti, et tous ceux qui s'en approchaient étaient glacés d'horreur en entendant ce malheureux qui, du fond de cette prison où il était enfermé jusqu'au cou, suppliait qu'on vînt lui donner la mort pour mettre un terme à ses tortures.

Cet homme, nommé Pierre M..., ouvrier maçon, ayant été chargé par le propriétaire de la maison d'extraire d'un puits qu'on allait combler toutes les pierres de la maçonnerie, avait entrepris cette besogne ; mais au lieu de commencer son travail par en haut et d'étager au fur et à mesure, il avait, nous ne saurions dire pourquoi, commencé par en bas, de sorte que, la maçonnerie inférieure une fois enlevée, un affaissement avait eu lieu. Il s'était trouvé pris dans les matériaux, et là, il s'attendait à voir tout le reste de la maçonnerie et des terres lui tomber sur la tête.

Cependant on accourait de toutes parts, et la foule grossissante ne savait comment s'y prendre pour l'opération du sauvetage, lorsque M. Jonge, ingénieur civil et capitaine des pompiers de l'endroit, arrive sur le lieu du sinistre et prend le commandement des travaux. D'abord, il fait placer plusieurs rangées d'étais à la partie supérieure du puits, afin d'en retarder la chute autant que possible; après quoi il fait ouvrir une tranchée latérale pour arriver obliquement jusqu'au pauvre garçon. Mais quoique le courage des travailleurs fût quintuplé par la pensée du péril que courait celui que l'on voulait sauver, quoique pelles et pioches fissent merveilles, la tranchée n'avançait que lentement, car on opérait au milieu de terres rapportées, et près de quatre heures s'étaient écoulées déjà sans que l'on pût savoir encore si l'on réussirait, lorsque le nommé Henri Koutz, ouvrier maçon, camarade de l'homme englouti et qui demeure près de là, ayant appris en revenant de sa journée ce qui se passait : « Quoi! s'écrie-t-il, c'est Pierre qui est là dedans! Il faut que je le sauve ou que j'y reste avec lui! » Aussitôt il part, arrive au milieu des travailleurs, et, au lieu de se mettre à la tranchée comme tout le monde, il attache un câble à sa ceinture d'équipe, et, s'étant approché de l'orifice du puits : « Bon courage, Pierre! s'écrie-t-il; je vais descendre, et nous allons voir à te tirer de là! » Puis il se laisse glisser le long des parois, par les intervalles ménagés entre les étais. « Vite, compagnon! s'écrie d'une voix oppressée le pauvre Pierre en voyant arriver son camarade, vite, du secours! j'ai un moellon qui m'écrase la poitrine! »

Aussitôt, et sans se soucier de la pluie incessante de pierrettes et de terre, sinistre avant-coureur d'une catastrophe décisive, Henri commence à déblayer, met dans des paniers qu'on lui descend à mesure les matériaux qu'il retire, et parvient enfin à enlever à lui seul le moellon meurtrier; après quoi il dégage les bras du pauvre homme, qui peut dès lors travailler lui-même à son salut. Malheureusement tout ceci avait demandé beaucoup de temps; Henri avait été obligé de faire des prodiges pour arriver là, et la fatigue avait enfin paralysé ses forces au point qu'il fut obligé de se faire remonter pour prendre haleine; mais il était à peine arrivé en haut, que Pierre le supplia de ne pas l'abandonner; et il y avait dans la voix du pauvre homme une telle éloquence, que le brave sauveteur, sentant ses forces renaître comme par enchantement, se fait redescendre aussitôt et se remet à la besogne de plus belle.

Enfin, après plus d'une heure encore de travail acharné, Henri parvient à lui dégager une jambe, puis l'autre, et se met à héler les ouvriers d'en haut pour leur annoncer qu'il a réussi et leur demander une couverture pour envelopper le patient; mais celui-ci montrant du doigt les pierres qui chancelaient au-dessus de leur tête et la terre qui cliquetait autour d'eux : « Alerte, compagnon, s'écrie-t-il, pas besoin de couverture, allons-nous-en d'ici! » Aussitôt, Henri fait asseoir Pierre sur ses épaules, donne le signal de remonte, et les deux hommes sortent du puits aux applaudissements de la foule.

Il n'y avait pas dix secondes qu'ils étaient dehors, qu'un bruit sourd se fait entendre, un nuage de poussière s'élève en colonne comme la fumée d'un volcan : c'était le puits qui croulait.

Au surplus, ajouta M. Legros, d'autres maçons, mais en très-petit nombre, se chargeant du rôle d'entrepreneur, ont quelquefois donné des exemples d'indélicatesse. L'un d'eux avait souvent recours à des moyens frauduleux pour accroître ses bénéfices ; il comptait une pierre de taille là où il n'avait mis qu'une dalle recouvrant des matériaux de mauvaise qualité.

Les malfaçons fourmillaient dans ses constructions, et le vérificateur constata une différence de près du tiers entre le total du mémoire qu'il avait présenté et le total résultant de la vérification.

J'ai oublié de vous parler des maisons construites en pisé. Puisque nous avons encore quelques minutes avant l'heure de nous séparer, je vais en dire quelques mots. On construit ainsi des maisons dans les départements où la pierre est rare, et où se trouve une terre argileuse convenable. On l'essaie en fabriquant avec cette terre une brique qu'on met sécher au soleil. Si elle se fendille, on y mélange plus ou moins de sable. Les mottes de terre sont d'abord brisées et mêlées au sable, après avoir été légèrement mouillées, puis soigneusement malaxées ou mêlées ensemble à l'aide de la pelle ou beaucoup mieux avec le tonneau malaxeur qu'on emploie généralement à Paris pour confectionner le mortier. Si la terre ou le sable contient des pierres, on les passe à la claie avant de les humecter.

Lorsque la terre est parfaitement préparée, et surtout qu'elle n'est ni trop sèche ni trop humide, on la jette dans une espèce de moule ou encaissement mobile dressé sur la ligne des fondations; la terre est battue et pilonnée dans l'encaissement, qu'on élève en ajoutant de nouveaux panneaux; à mesure que le mur monte, on place et l'on encastre en temps utile les solives des planchers, qui se trouvent de cette manière prises et arrêtées dans le pisé. Il résulte de ces dispositions qu'une maison se trouve pour ainsi dire faite d'une seule pièce. « On a vu de ces murs, dit M. Pernot dans son *Manuel du Constructeur*, acquérir la dureté d'un mur en pierre de Saint-Leu et ne former dans toute leur largeur qu'une seule assise. »

Nous avons remarqué dans le bois de Vincennes une maison fort élégante entièrement construite en pisé. Elle est ornée de moulures, sans doute ménagées en creux dans les panneaux. La terre avait été préparée dans un tonneau malaxeur qui était encore sur les lieux ainsi qu'une locomobile (1) qui avait dû remplacer un ma-

(1) La locomobile, comme on en voit beaucoup aujourd'hui, ressemble à une locomotive; elle a un volant, mais point de roues motrices ni aucun des organes qui s'y rapportent. En résumé, sa construction est infiniment plus simple. Elle est soutenue sur quatre roues, et on la conduit où cela est nécessaire pour opérer des épuisements, malaxer des mortiers ou tout autre genre de travail exigeant une force supérieure et continue. Le louage de ces appareils constitue une industrie nouvelle.

nége. Dans la même enceinte s'élevoit un vaste hangar ou plutôt une sorte de remise composée de deux murs latéraux en pisé, supportant une voûte en arc de la même matière. Cette voûte, dont l'épaisseur était partout d'environ 50 décimètres, formait un arc de 12 à 15 cordes, le tout d'une seule pièce.

CINQUIÈME ENTRETIEN.

Ce dimanche-là, le salon de M. Legros réunissait des personnes de diverses professions; parmi elles on remarquait deux notables du village, Chagnou père et fils, exerçant l'un et l'autre le métier de tailleur. Chagnou fils paraissait désirer que M. Legros voulût bien dire quelques mots sur sa profession, disant qu'il y avait toujours quelque chose à apprendre dans une conversation scientifique. Son père, au contraire, paraissait peu curieux d'une dissertation sur un art qu'il exerçait depuis si longtemps. Cet homme, excellent d'ailleurs et plein de bon sens, ne croyait pas que le progrès des sciences dût s'étendre jusqu'à la coupe ou la couture d'un habit.

Mais Chagnou fils ayant insisté, M. Legros lui dit :

— Je veux bien vous parler d'un art aussi important que celui qui s'occupe de la confection de nos vêtements; mais je vous préviens que je n'entrerai dans aucun détail technique sur la forme ou la coupe des habits. Je vous parlerai seulement des machines à coudre, dont l'emploi s'étend chaque jour davantage; puis je vous donnerai des recettes excellentes pour enlever les taches du drap, le garantir des ravages de la teigne, et même pour réparer instantanément un trou, une déchirure; je vous indiquerai encore le moyen de reconnaître les draps bon teint. Tout cela peut être utile dans des petits centres de population, tels que Villers, où un industriel doit joindre plusieurs choses accessoires à ses moyens d'existence, ou en d'autres termes avoir plusieurs cordes à son arc.

— Mais, monsieur Legros, dit Chagnou père, les tailleurs n'emploient pas de machines à coudre.

— Vous êtes dans l'erreur; les machines à coudre s'appliquent à la couture des habits de drap avec une grande économie de temps, à celle du linge et particulièrement au piquage des chemises; car elles exécutent un point d'une régularité et d'une finesse extrêmes. Je connais à Paris un confectionneur de gilets et autres objets en flanelle qui livre par jour jusqu'à cent de ces articles aux grands magasins de vente. Cette machine est également très-employée pour le piquage des bottines et d'autres genres de couture.

Quant à la marche de la machine, je vous dirai que, lorsqu'elle est poussée à toute vitesse, elle fait en une minute un mètre de piqûre.

— Mais cela doit couper les bras aux couturières et aux tailleurs ! s'écria M. Chagnou père d'un air désespéré.

— Pas le moins du monde ; car le confectionneur dont je vous parle occupe vingt-cinq ouvrières et voudrait bien en doubler le nombre ; mais elles sont toutes plus ou moins occupées. Il en est de même des ouvriers tailleurs.

— Cela est bien singulier, dit M. Chagnou.

— Pas tant que vous le pensez. La population augmente sans cesse, surtout à Paris, où la province n'afflue que trop. Lorsque l'on vit s'y établir les omnibus, chacun se dit : « Les fiacres ne feront rien. » Cependant dix ans après on augmentait le nombre insuffisant de ces fiacres de cinq cents ; et il y a à peine deux ans qu'on a encore doublé ce nombre, et ils roulent tous.

— Tout cela est bon pour Paris ; mais la province ? dit Chagnou père.

— Eh bien ! la province se déshabituera de se fournir à Paris lorsqu'on pourra se procurer des objets aussi bien confectionnés et au même prix Ce sera alors à la bourgeoisie à donner l'exemple en encourageant ces efforts, et aux classes ouvrières à continuer à progresser en perfectionnant les produits de leurs travaux.

— Que Dieu vous entende, Monsieur, dit Chagnou; car je vois toutes mes pratiques m'abandonner pour la *Belle-Jardinière* de Paris ; et pour peu que cela continue, je n'aurai plus que des raccommodages.

— Cependant, dit M. Legros, il ne faut pas se le dissimuler, Paris sera toujours la reine de la mode et le seul endroit où un tailleur, une couturière ou une modiste peuvent faire en peu de temps une grande fortune. Ce n'est que dans cette ville qu'on verra des tailleurs n'aller prendre mesure qu'en cabriolet, et qui, pour reporter l'ouvrage, se feront suivre par un domestique.

A propos de ces grands tailleurs, ajouta M. Legros, on raconte qu'un ancien pair de France, homme fort économe, quoique immensément riche, effrayé du montant d'un mémoire de son tailleur, imagina de lui fournir l'étoffe, pensant qu'il ne demanderait que le prix de la façon; au jour fixé, le maître tailleur, suivi de son groom, arrive; l'habit est essayé; il va parfaitement bien; le pair de France se mire avec satisfaction dans une immense glace. « Vous avez sans doute apporté votre mémoire? dit-il; car vous savez que j'aime à payer de suite. — Oui, Monsieur; le voici. » Le pair lit : Façon d'un habit, 300 francs. « Mais vous oubliez que je vous ai fourni l'étoffe. — Point du tout, monsieur le marquis. Mais je ne compte jamais l'étoffe quand je fournis un habit. » On m'a assuré que le marquis paya, en se promettant de changer de tailleur.

— Pourriez-vous, Monsieur, dit alors Chagnou fils, nous donner quelques détails sur ces curieuses machines dont vous venez de parler? car je ne puis me figurer comment il est possible de coudre à la mécanique.

— D'abord je vous dirai qu'on ne peut pas tout faire à la mécanique; on ne coudra point les boutons; on ne fera ni ourlet, ni boutonnières; ensuite l'ouvrage doit être apprêté, c'est-à-dire les diverses pièces d'un vêtement ou d'un gilet de flanelle, par exemple, mises en place et bâties ; ce qui exige l'emploi d'ouvrières.

Voici une gravure qui représente une machine à coudre à un fil, construite et perfectionnée par M. Reymann, l'un de nos meilleurs constructeurs en ce genre. Suivez la description succincte que je vais en donner : A est un pied de

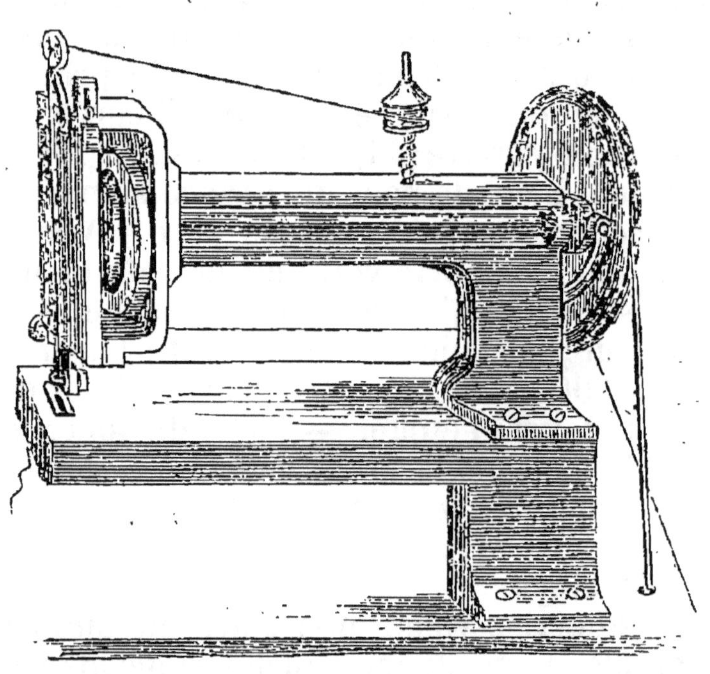

biche qui, s'appliquant sur l'étoffe, la fait avancer à mesure que l'aiguille B fait un point. Cette aiguille, garnie du fil que fournit la bobine C, entre perpendiculairement dans l'étoffe et s'enfonce au-dessous de la plaque D, qui lui livre passage par un petit trou, entraînant le fil avec elle. Un crochet, qui fonctionne au-dessous de cette plaque, saisit le fil à son passage et le retient en formant une boucle. L'aiguille, en descendant de nouveau, traverse cette boucle, que le crochet lâche pour saisir une nouvelle portion de fil ; la première boucle se resserre et forme avec la seconde un point de chaînette à l'envers de l'étoffe et un point de piqûre à l'endroit. Toute cette série de mouvements, qui paraît si compliquée, s'accomplit en moins d'une seconde.

Un volant mis en mouvement avec le pied dans le bâti qui supporte la machine, un arbre horizontal, des excentriques, des ressorts et quelques autres parties, composent les organes de cette machine; mais toutes ses parties exigent une rare précision.

La machine à deux fils appartient à un autre système : au lieu de faire un point de chaînette, l'aiguille établit en-dessous de l'étoffe une série de boucles dans lesquelles une petite navette coule un fil que les boucles emprisonnent à mesure qu'elles se forment.

Le défaut de ce système réside dans la tension différente des deux fils : celui des boucles est élastique ; celui de la navette, disposé en ligne droite, ne l'est pas; s'il se rompt, les boucles voisines s'échappent.

— J'en reviens aux tailleurs de Paris, dit Chagnon père ; je trouve leur situation bien heureuse, quand je la compare à la nôtre, pauvres petits tailleurs de village, qui ne cousons que de gros drap et ne faisons que des vêtements de paysans. Ce n'est que çà et là, lorsque nous avons à faire des habits pour les bourgeois, que nous devons nous conformer à la mode de Paris, qui ne change que trop souvent; cela est fort difficile, d'après notre genre de travail habituel.

— Que n'allez-vous vous établir en Chine? dit en riant M. Legros ; dans ce pays la mode ne change jamais. Le tailleur travaille de père en fils sur le même modèle. Il n'innove rien, la coupe reste toujours la même. Le tailleur chinois est adroit, laborieux et exact ; mais l'imagination, et même le raisonnement, ne sont pour rien dans sa profession ; en voici un exemple curieux :

Un officier de l'une de nos frégates en station dans les mers de la Chine, et qui avait entendu vanter l'adresse et l'exactitude des tailleurs de Canton, résolut de les mettre à l'épreuve. Il fit donc venir à bord l'un des plus renommés et lui remit un coupon de drap, le chargeant de lui faire deux pantalons en tout semblables au modèle qu'il lui remit. Il faut remarquer que ce modèle avait beaucoup souffert durant une longue et pénible navigation, il était fort usé et avait même des pièces aux genoux. Le tailleur emporte l'étoffe et promet de rapporter les deux pantalons le surlendemain ; il fut exact. Les pantalons étaient fort bien cousus ; mais, en les examinant, le jeune marin jeta un cri de surprise : ils avaient chacun aux genoux des pièces en tout semblables à celles que portait le modèle ; bien plus, ces vêtements laissaient voir la corde dans les mêmes endroits.

— Pourquoi donc avez-vous mis ces pièces à du neuf? dit l'officier, et pourquoi ces pantalons ont-ils l'air d'être usés?

— Ne m'avez-vous pas dit, répliqua tranquillement le Chinois, que vous les vouliez en tout semblables au modèle? Je me suis donné assez de mal pour y arriver, surtout pour parvenir à ce dont vous vous plaignez, ajouta-t-il en montrant les endroits élimés.

Il n'y avait rien à dire à cela à un Chinois; l'officier paya la façon en maugréant et se promit bien de ne plus employer les tailleurs de Canton. L'on rit beaucoup de ce qu'on appelait la simplicité du tailleur; mais quelqu'un fit observer qu'il y avait peut-être plus de malice que de simplicité dans ce fait, et que le Chinois avait peut-être été bien aise de mystifier l'un de ceux qu'on appelle *des barbares* dans ce pays.

En sorte, mon cher M. Chagnou, dit M. Legros, que vous n'avez pas dans votre petit pays les mêmes ressources que beaucoup de tailleurs parisiens, c'est-à-dire les remises que les marchands de drap font secrètement au tailleur qui leur amène une pratique, ni même celle des grands morceaux qu'ils parviennent à économiser sur la coupe, et qu'ils vendent aux marchands de pièces aux piliers de la Halle, ou dont ils font des gilets à leurs enfants.

— Non, certainement, Monsieur; d'ailleurs nous ne voudrions pas user d'une telle ressource.

— Je le crois parfaitement; mais à Paris, où l'on met tout à profit, il y a pour les tailleurs un bénéfice très-petit, mais fort légitime; il consiste à ne pas laisser perdre les rognures des étoffes de laine qui ont une certaine valeur, celles de la flanelle blanche, qui se vendent jusqu'à 3 ou 4 fr.

le kilo ; quant à celles des draps de couleur, elles valent beaucoup moins.

— Mais que peut-on faire de cela? dit M. le curé.

— Les rognures de la flanelle, que l'on ne fabrique généralement qu'avec des laines superfines, sont *effilochées* à l'aide de machines garnies de cardes ; la laine qui en sort est filée de nouveau, teinte, puis on en fait des draps d'été, des draps de dame, des étoffes de fantaisie pour pantalons ; quant aux rognures de drap, on les trie, en assortissant les couleurs, et l'on en fabrique, par les mêmes procédés, des draps mêlés qui ont de l'œil, mais peu de solidité ; car leur laine est nécessairement fort courte.

— Voilà ce que j'ignorais, quoique je sois tailleur, dit le fils Chagnou ; mais à quoi reconnaître ces draps à laine courte?

— En détordant les fils de la trame et de la chaîne ; car, dans certains draps, les deux ne sont pas toujours de la même laine. Quant aux draps qui ont la flanelle pour origine, ils sont peu solides, il est vrai, mais ils sont moelleux et fort jolis, et, par leur destination, ils ne sont pas assujettis à un long usage.

L'heure de se séparer allait sonner, lorsque le fils Chagnou rappela à M. Legros les diverses recettes qu'il avait promises au commencement de la séance.

— Il est trop tard pour vous les indiquer, dit M. Legros ; mais venez demain matin, et je vous les donnerai par écrit.

Recettes données par M. Legros.

TACHES. Les taches fortes sur les étoffes de laine sont généralement de trois espèces.

1° *Matières grasses,* où dominent soit les graisses, soit les huiles, etc., le cambouis, la peinture à l'huile, la sauce, etc.

2° *Acides*, vinaigre, jus de citron, eau-forte, acide sulfurique et autres acides minéraux.

3° *Taches alcalines*, soude, potasse, ammoniaque.

4° *Taches de fruits.*

5° *Taches de stéarine* (bougie stéarique).

6° *Taches de fer.* Cette catégorie comprend les taches d'encre, dont le fer forme la coloration noire.

7° Taches diverses.

Règles générales pour enlever les taches. Lorsque celles des cinq dernières catégories sont toutes récentes, trempez, sans perdre de temps, l'étoffe dans de l'eau claire, afin d'enlever la plus grande partie de la matière colorante ou des acides et des alcalis, avant qu'ils aient produit leur effet ou soient desséchés.

Quant aux matières grasses, si la tache est ancienne, il faut la rendre facilement dissoluble en l'imprégnant légèrement d'un peu de beurre ou de saindoux et en la laissant ainsi reposer cinq ou six heures.

Règles particulières.

1. *Taches de matières grasses.* Versez sur un morceau d'étoffe un peu de benzine (1) et frottez le

(1) Le flacon de benzine, contenant environ 2 décilitres de benzine, se vend, à Paris, rue des Lombards, 1 fr. 20 c.

drap avec cette étoffe imbibée à l'endroit et à l'envers, en remettant à plusieurs reprises de la benzine, si cela est nécessaire. L'odeur empyreumatique de cette liqueur est fort désagréable, mais elle s'évapore en quelques minutes. Exposez donc l'objet [illegible]ir, et tenez le flacon de benzine bien bouché, si vous voulez le conserver.

Si c'est une tache de cambouis et qu'il reste, après l'enlèvement des substances grasses, une tache noirâtre, provenant des matières ferrugineuses que renferme le cambouis, ayez recours aux moyens employés pour le nº 6.

2. *Taches d'acides.* Les taches de vinaigre, de jus de citron ou d'orange, ne laissent aucune trace sur le drap, à moins qu'il ne soit du plus mauvais teint. Dans ce cas, on prend gros comme une noisette de soude en cristaux (carbonate de soude) qu'on fait dissoudre dans un verre à liqueur d'eau pure; puis on passe avec un pinceau chargé de cette dissolution, autant de fois que cela sera nécessaire, sur la tache rougeâtre qu'a dû laisser le vinaigre.

Mais s'il s'agit d'acides minéraux concentrés, tels que l'eau-forte (acide azotique) et surtout l'acide sulfurique, il n'y a rien à faire, la couleur du drap étant détruite. Cependant, si l'acide était très-faible, ou encore si à l'instant où il a été répandu sur le drap on y avait jeté de l'eau, on pourrait peut-être la faire disparaître en passant, uniquement sur l'endroit taché, un pinceau trempé dans la dissolution de soude ci-dessus, qu'on tiendrait un peu plus forte, puis en lavant ensuite la place avec de l'eau et du savon.

3. *Taches alcalines.* C'est l'inverse du procédé ci-dessus. S'il s'agit d'alcali caustique (potasse d'Amérique ou eau seconde des peintres), et que la solution soit concentrée, il n'y a pas de remède, d'autant plus que le tissu sera désorganisé ; mais si la tache a été faite par une solution alcaline peu concentrée, on emploie le vinaigre blanc, appliqué à plusieurs reprises sur la tache avec un pinceau, puis on lave.

4. *Taches de fruits.* Tout le monde sait qu'on les enlève avec l'eau de Javelle coupée d'eau. On peut également employer une solution de chlorure de chaux. On en fera fondre à cet effet gros comme une noix dans un verre d'eau. Les taches de vin sont dans la même catégorie.

5. *Taches de stéarine.* Rien de plus facile à faire disparaître : mettez sur la tache un papier brouillard plié en quatre et passez plusieurs fois dessus un fer à repasser bien chaud, en changeant chaque fois le papier de place.

6. *Taches diverses.* Café, chocolat, thé. Ces taches ne peuvent laisser de traces que sur des étoffes de laine blanche ou d'une couleur fort claire. Dans ce cas, un lavage à l'eau et au savon suffit. Il en est autrement des *taches d'encre.* Si la tache d'encre est ancienne, commencez par laver à l'eau l'endroit taché, pour enlever les parties végétales ou gommeuses, puis mouillez rien que la tache avec l'acide chlorhydrique (acide muriatique) étendu de vingt fois son poids d'eau si la tache est récente, et de dix fois si la tache est ancienne. Remarquez qu'il ne peut être ici question que d'un drap de couleur claire.

Reconnaître si un drap noir ou bleu est bon teint. Mettez dissoudre dans un demi-litre d'eau 10 grammes d'alun et autant de crème de tartre ; faites-y bouillir l'échantillon de drap pendant trois minutes. Une teinture solide ne doit pas avoir changé après cette opération ; si le drap est faux teint, il passera au jaune rougeâtre ou au rouge cerise.

Si l'on prolongeait l'ébullition plus de trois minutes, l'échantillon, quoique bon teint, pourrait passer au rouge brun. S'il en résultait quelque incertitude, faites bouillir le drap, pendant une minute seulement, dans une solution faite à froid de huit parties de sel oxalique (sel d'oseille) dans de l'eau pure. Si la nuance n'est pas détruite, le teint est bon.

Teignes; préserver la laine de leurs atteintes. Les livres sont pleins de recettes pour la préservation des étoffes contre ces insectes destructeurs : l'essence de térébenthine, l'esprit-de-vin, le vétyver, le poivre, le camphre et plusieurs autres drogues, ont été indiqués comme des spécifiques ; mais l'expérience a démontré leur insuffisance. Des substances âcres ou caustiques, telles que l'euphorbe, la cevadille, les sels vénéneux, comme le sublimé corrosif, rempliront l'effet désiré ; mais il en résulterait de grands dangers pour l'homme.

Il n'existe donc aucun autre moyen à ma connaissance que de tenir les lainages renfermés dans un coffre spécialement construit dans ce but.

Le lendemain, le fils Chagnou ne manqua pas

de venir chercher les recettes que M. Legros avait promises. Celui-ci les lui remit en lui disant :

— Il en manque une : c'est celle qui indique le moyen de raccommoder une déchirure dans le drap, sans employer le fil et l'aiguille ; mais, vous qui êtes tailleur, vous n'en avez pas besoin.

— C'est vrai ; mais je serais néanmoins satisfait de la connaître.

— Soit, elle est bien simple. Vous prendrez un morceau de toile forte, vous en couperez une languette d'environ deux centimètres de largeur et de la longueur de la déchirure. Vous râperez dessus, le plus finement possible, du gutta-percha ; vous l'appliquerez sous la déchirure en rapprochant soigneusement les bords de celle-ci, vous mettrez un papier double sur le tout et vous y passerez un fer bien chaud, mais pas assez pour roussir le papier.

Le fils Chagnou remercia beaucoup M. Legros et se préparait à prendre congé de lui, lorsque tout à coup, se retournant, il lui dit :

— Mon Dieu, j'oubliais de vous dire que ma femme vous prie d'avoir la bonté de lui donner quelques recettes pour détacher la soie et les cotons imprimés.

— Volontiers ; engagez Mme Chagnou à vous accompagner dimanche prochain, et, en outre de ces recettes, nous parlerons de blanchissage : ce qui ne lui sera pas sans utilité, car il existe des procédés nouveaux et très-économiques. Comme ici il n'y a pas de blanchisseuses, vu que chacun fait sa lessive chez soi, je la prierai de répandre ces procédés parmi ses connaissances.

SIXIÈME ENTRETIEN.

Il y avait aux environs des Andelys un ancien sous-officier décoré, qui avait fait la guerre de Crimée comme maréchal vétérinaire. Il était venu passer quelques jours à Drocourt, où résidait sa famille.

M. Matthieu, qui habitait cette même commune, l'amena un jour chez M. Legros, pensant qu'il leur serait réciproquement agréable de faire connaissance.

M. Matthieu, qui cumulait avec la profession de maréchal celle de taillandier, était un homme très- recommandable et fort estimé dans le pays; aussi son ami Raymond fut-il parfaitement reçu par M. Legros.

La conversation roulait sur divers objets et particulièrement sur le drainage, lorsque M. Chagnou rappela à son hôte, M. Legros, la promesse qu'il avait faite, lors de la dernière réunion, d'indiquer un procédé plus économique et plus efficace pour le blanchissage.

— J'ai amené à cet effet ma femme, ajouta-t-il, afin qu'elle profite de ce que vous voudrez nous communiquer à ce sujet. Il est vrai que bien des femmes repoussent, sans les examiner, les procédés nouveaux qui tiennent aux affaires de ménage ; mais Mme Chagnou a assez de bon sens pour s'écarter de la routine lorsqu'elle verra qu'on peut faire mieux.

— Volontiers, dit M. Legros. J'ai quelques raisons de croire qu'il est possible d'améliorer le métier de blanchisseuse dans les campagnes, comme économie de temps et de peines.

Je ne vous décrirai pas en détail le lessivage ordinaire. Je suppose qu'après avoir essangé le linge, pour le débarrasser des impuretés les plus grossières, vous le mettez dans un cuvier dont le fond est percé d'un trou que bouche un tortillon de paille ; vous placez le linge fin en dessous et le linge commun par-dessus ; vous recouvrez le tout de cette grosse toile que vous appelez le *charrier* ; vous étalez dessus les cendres sur lesquelles vous versez de l'eau bouillante. Cette eau, en traversant les cendres, se charge du carbonate de potasse qu'elles renferment ; elle filtre à travers la masse du linge qu'elle pénètre entièrement ; elle sort à travers le bouchon de paille et tombe dans un seau placé au-dessous. Vous réchauffez cette lessive dans un chaudron et la versez de nouveau dans le cuvier. Vous répétez cette manœuvre jusqu'à ce que la lessive se soit chargée de la plus grande partie des matières qui souillent le linge.

J'ai plusieurs observations relativement à cette méthode, qui est cependant généralement suivie ; d'abord, le linge se blanchit mal lorsqu'on emploie une chaleur trop forte, c'est-à-dire, lorsque vous reversez plusieurs fois de suite de la lessive bouillante sur le linge, lorsque vous le mettez sec dans le cuvier, soit qu'il n'ait pas été essangé, soit que vous l'ayez laissé ensuite sécher ; vous risquez de coaguler et fixer dans le tissu les matières qui le salissent, et le linge acquiert alors une teinte plus ou moins fauve, nuance dont il est impossible de le débarrasser.

Le second inconvénient consiste à placer le linge commun, qui est toujours le plus souillé, en dessus, en sorte que la lessive est fortement salie lorsqu'elle arrive au linge fin.

Il est vrai aussi que si l'on plaçait le linge fin en dessus, il se trouverait soumis à l'action de la lessive dans toute sa force, ce qui pourrait le détériorer, tandis que cette action est beaucoup moins sensible sur le gros linge. Il y a moyen d'éviter à la fois ces deux inconvénients ; je vous en parlerai tout à l'heure. En attendant, je vous dirai qu'il faut prendre garde à l'intensité de la lessive trop forte, elle attaque le linge. Je sais bien qu'on l'essaie en y plongeant la main, et l'on juge de sa force par son action sur l'épiderme ; mais ce moyen est fort imparfait ; mieux vaut se servir d'un pèse-lessive, petit instrument semblable à un pèse-liqueur, et qui ne coûte que 1 fr. 50 c. à 2 fr. La lessive froide ne doit peser que trois degrés au plus pour le linge sec et cinq pour le linge mouillé.

Au reste, on a proposé un moyen ingénieux de faire un coulage continu, ce qui dispense de faire sans cesse réchauffer la lessive et la reverser sur le linge. Ce moyen, d'une exécution facile, consiste à mettre le cuvier en communication, haut et bas, avec une chaudière de même élévation. Cette chaudière est placée sur un fourneau dans lequel on entretient un feu modéré; on verse la lessive, et ce liquide se met aussitôt de niveau dans les deux vases, c'est-à-dire dans la chaudière et dans le cuvier; on ajoute de la lessive jusqu'à ce qu'elle arrive un peu au-dessous du tuyau de communication supérieur. Alors on chauffe; le liquide se dilate, la partie la plus échauffée vient à la surface et se déverse par ce tuyau sur le linge. La hauteur du liquide augmentant dans le cuvier, par suite de la loi qui force les liquides en communication à prendre le niveau, une quantité semblable de lessive froide s'écoule par le tuyau inférieur dans la chaudière.

Le même jeu se reproduisant ainsi tant que l'opération marche, le linge finit par se trouver parfaitement lessivé.

Voici une figure qui vous donnera la disposition du cuvier et de la chaudière; il n'est point indispensable que ces deux objets soient à demeure; au moment de faire la lessive, on place le cuvier sur son pied, tel que vous le voyez dans cette figure, et on le met en communication avec la chaudière au moyen de tuyaux de zinc, de plomb ou de cuivre, qu'on y adapte à volonté. On recouvre la chaudière de son couvercle et le cuvier d'un couvercle de bois. Ce mode de lessivage se fait, pour ainsi dire, tout seul et ne donne aucun embarras. Il s'agit seulement de conduire convenablement le feu placé sous la chaudière.

Je voudrais bien actuellement vous parler du blanchissage à la vapeur; cet appareil est un peu plus compliqué, mais il présente de grands avantages comme économie de temps, de combustible et de savon; le lessivage est plus uniforme, plus exact, et le blanchissage bien supérieur. Mais pour vous mettre à même de juger de tous ces avantages, nous attendrons que j'aie fait établir cet appareil chez moi, car telle est mon intention; alors vous en jugerez par vous-mêmes.

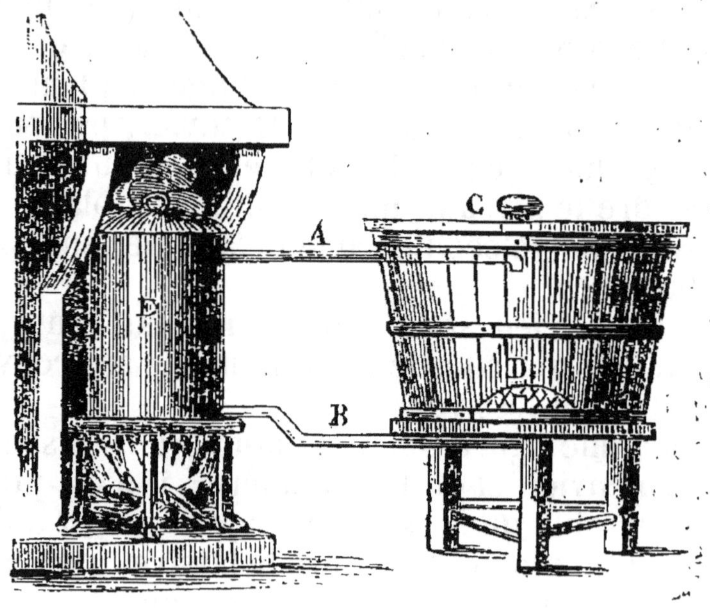

A Tuyau supérieur conduisant l'eau échauffée dans le cuvier.
B Tuyau inférieur ramenant dans la chaudière l'eau refroidie par son passage à travers le linge.
C Cuvier et son couvercle.
D Grillage recouvrant l'extrémité du tuyau par où sort l'eau refroidie.
E Chaudière.

En attendant, je vous dirai qu'il est un préjugé

répandu ici contre les lessives où l'on emploie le sel ou carbonate de soude au lieu de cendres; on s'imagine que ce carbonate détériore le linge plus que le carbonate de potasse qui provient des cendres. C'est une erreur ; le carbonate de soude est moins caustique que celui de potasse. Je vous parlerai ensuite de l'eau de Javelle, pour laquelle on a ici une grande répulsion. Cette répulsion est fondée, lorsqu'on l'emploie trop forte ; mais convenablement mitigée, elle donne au linge une blancheur qu'on ne pourrait pas obtenir autrement. Il est vrai qu'à la campagne on est moins exigeant que dans les villes pour la blancheur du linge. Il suffit qu'il soit parfaitement propre, bien qu'il conserve, sans l'eau de Javelle, un petit ton jaunâtre.

Je ne m'étendrai donc pas davantage sur le blanchissage : dans une autre occasion, je vous parlerai de celui des cotons imprimés et de plusieurs autres étoffes.

M. Legros, s'adressant alors à M. Raymond, lui demanda pardon de s'être occupé d'une chose aussi étrangère au reste de la société.

— Mais il fallait bien, ajouta-t-il, que je remplisse la promesse faite à une dame.

A propos, dit-il au fermier, vous m'avez demandé dernièrement de vous indiquer une machine à faire des tuyaux pour le drainage, la meilleure qui, en remplissant toutes les conditions nécessaires, fût d'un prix modéré. Les machines de MM. Siragg, Tackeray, Wisehead, et plusieurs autres que je pourrais citer, sont fort estimées en Angleterre, mais d'un prix assez élevé. En France, vous avez celle du mécanicien Calla. Elle remplira parfaitement votre but, ne coûte que 450 fr. et peut faire cinq cents tuyaux par heure. Cette machine très-simple, d'ailleurs, est fort

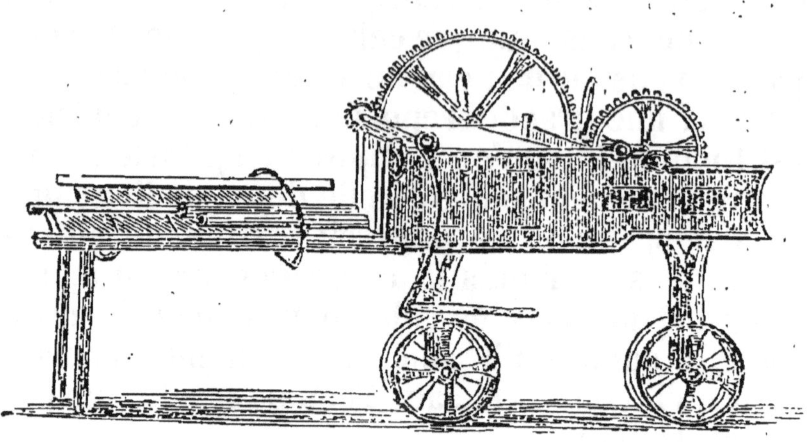

solide. Vous ferez bien de vous la procurer, car vous avez là-bas une pièce de terre considérable qui ne vous rapporte rien que de l'ajonc. Je l'ai examinée en passant, et j'ai pu vérifier qu'elle repose sur un sous-sol imperméable qui retient l'eau. Cette eau sans écoulement refroidit la terre, pourrit les racines et s'oppose à toute culture profitable. Elle ne vous rapporte pas, j'en suis certain, 10 fr. par hectare; étant drainée et semée en céréales, chaque hectare vous rapporterait 200 fr.

— Oui; mais la dépense? dit le fermier.

— La dépense? Comptons: la machine avec ses accessoires coûte 450 fr.; dix hectares à drainer exigeront à peu près cinq mille mètres de drains. Vous avez la terre nécessaire pour les fabriquer. La façon des tuyaux, qui exigera, pendant un mois, les journées de deux hommes, vous coûtera 120 fr. Il faut compter autant pour l'ouverture des tranchées, la pose des tuyaux et le comblement des tranchées.

Ajoutez à ces sommes 110 fr. pour frais imprévus.

Voilà donc 800 fr. à dépenser pour convertir dix hectares de mauvaises terres, ne rapportant que 100 fr., en bonnes terres qui vaudront, bon an mal an, 1,200 à 1,500 fr. Convenez, mon cher monsieur, que l'opération est bonne et qu'on peut placer plus mal son argent.

D'ailleurs, nous irons ensemble voir ces pièces de terre, j'en calculerai les pentes, le nombre, la direction des lignes, le moyen d'en réunir les eaux et de les écouler sans qu'elles puissent nuire aux voisins.

— Puisque vous avez tant de complaisance, monsieur Legros, dit le fermier, je vous prierai de m'indiquer quelque bon remède contre les insectes qui dévastent nos moissons et nos grains.

— Un remède efficace contre des ennemis presque invisibles et dont le nombre est incalculable, est assez difficile à trouver ; car remarquez que les insectes les plus petits sont ceux qui font le plus de dégât. Cependant, je vais vous dire tout ce que je sais à cet égard; mais auparavant passons en revue nos ennemis.

Ils appartiennent à trois genres d'insectes, savoir : les *coléoptères*, ayant quatre ailes, mais dont les deux ailes de dessus, qu'on appelle *élytres*, sont dures, coriaces, et servent, pour ainsi dire, d'étui aux deux ailes de dessous. Puis viennent les *lépidoptères* ou papillons, et enfin les *diptères*, insectes à deux ailes : ce sont les mouches.

Commençons par les charançons. C'est une famille nombreuse, dont l'espèce la plus destructive est la *calandre*. Elle détruit énormément de grains, surtout à l'état de larve. Elle dévore alors l'intérieur du grain et n'en laisse que l'enveloppe. Le froid arrête sa multiplication ; il est donc indispensable de ventiler fréquemment les grains et de les agiter avec le crible et la pelle. Ces larves aimant le repos et la chaleur , on les force ainsi à fuir, en sorte que le plancher ne tarde pas à en être couvert; on les amasse alors avec un balai en un tas et on les tue avec de l'eau bouillante , ou, si l'on a des poules, on les leur abandonne.

Tout autre moyen que celui-là est insuffisant. Cependant , j'ai lu dans je ne sais quel journal , que, si on couvre les tas de blé avec des toisons de mouton grasses, c'est-à-dire avec leur suint, les charançons, calandres, etc.. s'y rassemblent en si grand nombre, que ces toisons deviennent toutes noires. On les bat au dehors , puis on les remet sur les tas de blé, où elles se garnissent de nouveau de charançons.

Le *taupin strié*, ce petit insecte qui semble pourvu d'un ressort et qui saute à une si grande distance, cause de grands dommages à l'état de larve, en rongeant les racines du froment. Pour celui-ci, je n'y vois aucun remède. Il faut, pour lui faire la chasse, s'en rapporter aux oiseaux et surtout à la classe de ceux que l'on appelle *becs-fins*, qui détruisent un nombre prodigieux d'insectes. Il n'y a pas jusqu'au *carabe doré* , ce bel insecte vert, à reflets dorés, nommé vulgairement *jardinière*, que l'on voit courir dans les champs, cherchant une proie qui consiste presque toujours en insectes nuisibles ; aussi doit-on l'épargner. Les *lépidoptères* sont également nuisibles, et peut-être plus encore, à cause de leur rodigieuse multiplication. L'*alucite des grains* et les *yponomeutes* sont ceux qui causent le plus de ravages. Leurs larves ou chenilles s'insinuent une seule dans chaque grain, et en dévorent toute la farine. On n'a pas trouvé d'autre moyen de détruire ces dangereux ennemis que d'enfourner les grains dans un four chauffé à 45 degrés centigrades. Cette chaleur fait périr la chenille sans altérer le germe, pourvu qu'elle ne dépasse pas 30 degrés.

Au reste, les alucites, de même que les charançons, fuient le grand jour et le mouvement ; c'est pourquoi il est utile de remuer fréquemment les tas de blé.

Quant aux *diptères*, on fait généralement peu d'attention à ces petites espèces de mouches qui nous paraissent fort inoffensives. Eh bien ! une seule espèce, décrite par Linné, sous le nom de *musca frit* (mouche des épis), détruisit pendant plusieurs années le cinquième de toute la récolte d'orge de la Suède, ou plus de cent mille tonnes de la valeur de plusieurs millions.

D'autres mouches piquent, soit les collets des tiges, soit le chaume tendre des blés, et y déposent leurs œufs. Les jeunes larves qui en proviennent dévorent la substance interne, et l'épi demeure stérile. Je ne finirais pas si je vous citais toutes les espèces de mouches nuisibles aux cultures; mais l'homme n'y pouvant rien, la Providence leur a suscité des ennemis, comme je vous le disais tout à l'heure, dans les nombreux oiseaux insectivores.

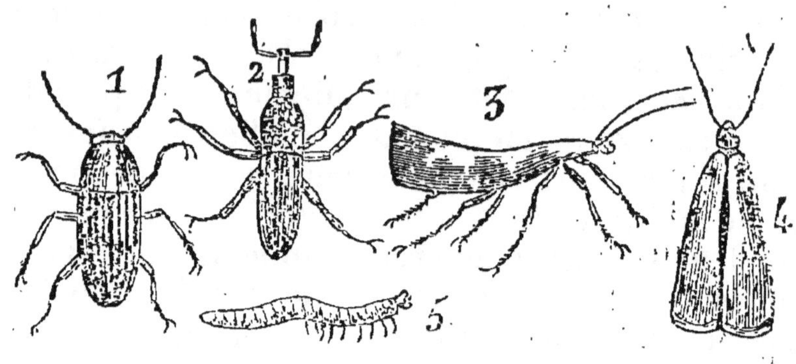

1. Le taupin. — 2. Le charançon ou calandre. — 3. L'alucite des grains. — 4. L'yponomeute. — 5. Chenille de l'yponomeute.

— J'ai beaucoup de terres en pâturages, comme vous le savez peut-être, dit le fermier. Les sauterelles, les criquets y commettent de déplorables déprédations. Il y a en outre d'autres insectes dont je ne connais pas le nom, qui déposent une écume blanche sur les plantes ; on les dit fort nuisibles.

— Ces insectes sont le *cercope écumeux* et le *cercope sanguinolent*. Ce sont des espèces de cigales ; elles sont nuisibles, en effet, en épuisant la séve et rendant stérile la fructification naissante. Plus la végétation de vos prés sera riche et vigoureuse, moins les dommages dont vous vous plaignez, et auxquels je ne connais aucun remède direct, moins ces dommages, dis-je, seront grands. Les insectes du genre dont nous venons de parler aiment les terrains secs ; tâchez de trouver le moyen d'irriguer vos prés en y amenant des eaux, soit à l'aide d'un puits artésien, soit autrement ; ensuite, pour avoir une végétation riche et plantureuse, employez le plâtrage. Vous pouvez tirer de Triel, à deux myriamètres d'ici, du plâtre à bon marché.

— J'ai entendu dire que son emploi était quelquefois nuisible.

— Oui, lorsque les terres en contiennent déjà, c'est-à-dire du sulfate de chaux ; alors, la proportion peut devenir trop forte et nuire par conséquent. Mais je ne crois pas que ce soit le cas des vôtres. Semez le plâtre en poussière, au printemps, sur la végétation déjà commencée, et il produira un effet merveilleux. Franklin, voulant convaincre ses compatriotes de l'utilité du plâtre, écrivit sur un champ de trèfle ces mots : CECI A ÉTÉ PLATRÉ. L'effet du plâtrage fit saillir en relief ces mots par des tiges plus hautes et plus vigoureuses, et dont le feuillage contrastait par son vert foncé avec celui du reste du champ.

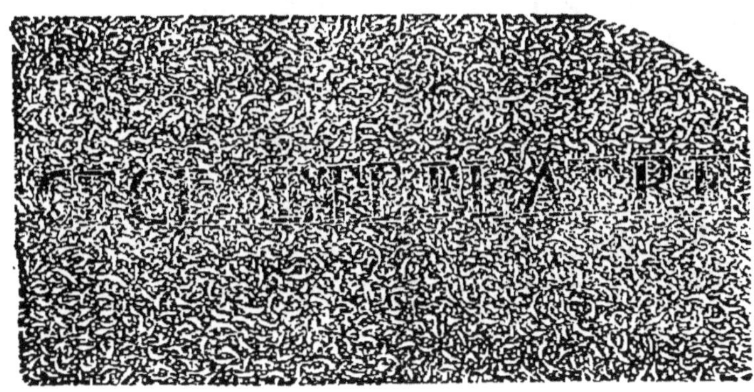

Comptez-vous rester quelque temps dans ce pays? dit alors M. Legros, en s'adressant au vétérinaire Raymond.

— Non, Monsieur; sous peu de jours je retournerai aux Andelys; je compte m'établir comme vétérinaire dans cette ville.

— Vous aurez de l'occupation; car on emploie beaucoup de chevaux dans ce pays.

— Je l'espère, d'autant plus que je me suis particulièrement appliqué au traitement des maladies des chevaux, et vous savez qu'on n'en compte pas moins d'une cinquantaine. Je vois, ajouta-t-il en montrant un tableau appendu au mur et représentant le siége des maladies du cheval, que vous avez là une sorte de *memento* qui vous rappelle les maux qui affectent l'espèce chevaline.

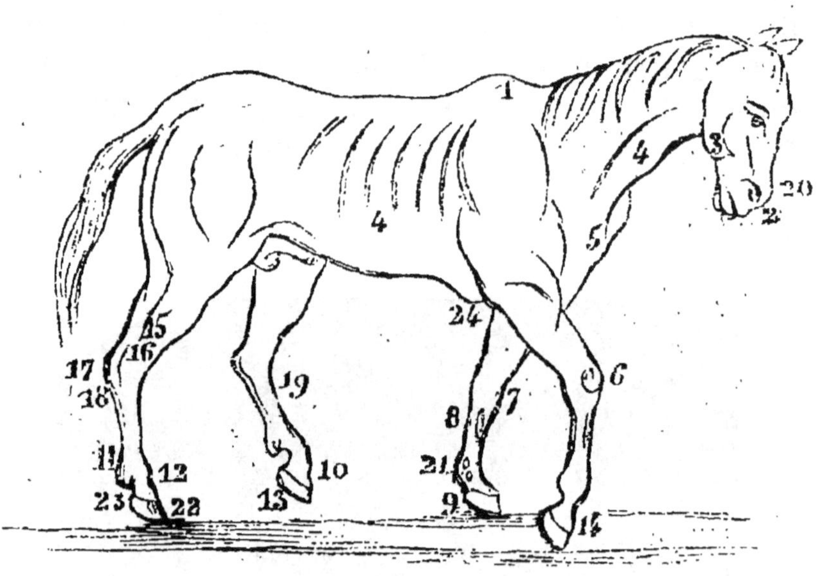

1. Mal de garrot.	13. Fourmilière.
2. Morve.	14. Faux quartier.
3. Glande morve.	15. Vessigon.
4. Farcin.	16. Solandre.
5. Avant-Cœur.	17. Capelet.
6. Malandre.	18. Jardons.
7. Couronné.	19. Éparvin.
8. Suros.	20. Siffleur ou cornard.
9. Fourbure.	21. Molette.
10. Eaux aux jambes.	22. Seime.
11. Javart au paturon.	23. Crapaud.
12. Mules traversines.	24. Éponge.

Mais le cheval a beaucoup d'autres maladies que celles que je vois citées sur ce tableau.

— Je le crois bien ! On n'a indiqué ici que celles dont le siége et les effets sont extérieurs ; encore en manque-t-il plusieurs. Mais quant aux maladies qui ne figurent pas sur ce tableau, on peut citer le charbon, et la tumeur charbonneuse, nommée musaraigne ou musette, la colique rouge, le coup de sang, l'entérite, la gastro-entérite, que l'on compare aux fièvres inflammatoire, bilieuse, muqueuse, adynamique et typhoïde, qui se développent chez l'homme ; le tétanos ou mal de cerf, la bronchite qui répond à notre rhume, la péritonite, le vertige abdominal. Il y a encore les cas rédhibitoires, qui sont la morve, le farcin, la courbature, l'ophthalmie périodique ou fluxion périodique, l'immobilité et la pousse.

Au reste, ajouta M. Legros, on sauverait beaucoup de chevaux si l'on s'occupait davantage de l'hygiène chevaline et si l'on étudiait mieux les premiers symptômes qui se déclarent. Combien de chevaux a-t-on perdus pour avoir appelé le vétérinaire vingt-quatre heures trop tard !

Lafosse a décrit les symptômes généraux indiquant qu'un cheval est malade. Je vais les signaler, non pour vous, monsieur Raymond, qui les connaissez parfaitement, mais pour ceux de ces messieurs qui ont des chevaux.

Symptômes de maladies.

Le cheval est dégoûté et perd l'appétit ; il est triste et porte la tête basse. La langue sèche. Le poil est hérissé. Le cheval ne fléchit pas les reins, lorsqu'on le pince sur cet endroit.

La fiente sèche et par marrons, plus détachée qu'à l'habitude, couverte quelquefois de glaire, qu'on prend souvent pour de la graisse, et qu'on appelle *gras fondu*.

L'urine est de couleur rouge.

L'urine crue est claire comme de l'eau pure.

Le cœur bat plus qu'à l'ordinaire.

Le battement trop faible du cœur et des artères.

Le cheval se couche, se lève et ne peut trouver une position agréable.

Il regarde souvent son flanc, et plus souvent un côté que l'autre.

Quelquefois il jette une humeur jaunâtre par les narines.

Sa marche est chancelante.

La vue est triste et abattue, et les yeux larmoyants.

Difficulté d'uriner, dont on s'aperçoit dès que le cheval se présente pour uriner.

Le cheval est enflé, se tourmente, et lâche des vents.

Battement des flancs et difficulté de respirer.

Symptômes dangereux.

Lorsque le cheval se tient faiblement sur ses jambes, hésite à se coucher, tombe comme une masse, et se relève de temps en temps.

La mousse sort de la bouche et des narines.

L'œil est tourné de façon que l'on voit beaucoup de blanc.

L'urine s'écoule goutte à goutte, sans que le cheval se présente pour uriner.

Le cheval jette par le nez une matière sanguinolente et quelquefois brune comme une espèce de pus.

Un dévoiement qui ne fait rendre que des matières glaireuses et sanguinolentes.

Le cheval se lève et se relève en regardant ses reins.

Le cheval regarde fixement son flanc et sa poitrine, et a une grande difficulté de respirer.

Remarquez que ces symptômes ne se trouvent pas tous à la fois dans une seule maladie; ce sont les symptômes de différentes maladies rassemblés ici pour faire connaître l'état maladif du cheval.

Ce qu'il y a de remarquable, dit M. Raymond, c'est que, lorsque certaines maladies du cheval se transmettent à l'homme par le contact, elles acquièrent un nouveau degré de malignité et suivent une marche plus rapide et plus fatale. Je veux parler de la morve et du farcin.

— La contagion de la morve a été niée par

plusieurs praticiens, dit M. Legros, tandis que d'autres l'admettent. On a cité l'exemple de palefreniers qui, atteints par cette contagion, sont morts en peu de temps. Quant au farcin, son caractère contagieux est beaucoup moins prouvé; mais ce qu'il est prudent et même nécessaire de faire lorsqu'on a soigné des chevaux atteints de ces maladies, c'est de se laver les mains dans de l'eau mélangée d'un peu de chlorure de chaux.

— Je vous prierai de m'apprendre, dit M. Raymond, quelles sont les maladies chevalines le plus répandues dans ce pays.

— Les chevaux normands, surtout les chevaux entiers de la plaine de Caen, sont sujets aux maladies inflammatoires; ensuite c'est le cornage : tout le monde sait qu'il consiste en un bruit ou sifflement, ou, si vous l'aimez mieux, une sorte de râlement qui s'accompagne de la gêne de la respiration. Ce défaut étant héréditaire, il se transmet par le peu de soin qu'on prend d'écarter de la monte les étalons corneurs.

Les éleveurs devraient cependant y prendre garde; car cela pourrait à la longue nuire à la réputation de leurs écuries.

— On m'a assuré, dit l'un des assistants, qu'on pouvait dissimuler le cornage pendant quelque temps au moyen de drogues qu'on administre au cheval.

— Les maquignons dissimulent bien autre chose, dit M. Legros. Remarquez que par l'épithète de maquignon, je n'entends pas les bons marchands de chevaux. Je vais à ce sujet vous raconter un fait qui vous montrera toutes les ressources du maquignonnage.

Un cultivateur d'une commune du département de Seine-et-Marne avait un cheval entièrement usé, sinon par l'âge, du moins par la fatigue et par une nourriture mauvaise ou insuffisante. Voyant que ce pauvre animal ne pouvait plus lui rendre aucun service, il le mena un jour au marché voisin. Personne ne voulait lui acheter un cheval qui n'avait que la peau et les os et semblait à peine pouvoir mettre un pied devant l'autre ; enfin, las d'attendre un chaland, notre paysan s'en retournait avec son cheval, lorsqu'une espèce de maquignon lui en offrit 15 fr. ; c'était juste le prix de la peau. Le père Thomas, fort content d'être débarrassé de son cheval, s'en retourna, non sans avoir invité l'acheteur à se rafraîchir avec le petit vin du pays.

Cependant le besoin d'un cheval se fit bientôt sentir ; le père Thomas emprunta plusieurs fois celui de son voisin, mais cela ne pouvait toujours durer. Un jour qu'il avait été vendre des volailles à Paris, il remisa le cheval et sa charrette et s'en alla au marché aux chevaux ; il avait déjà marchandé plusieurs bêtes dont le prix lui paraissait trop élevé, lorsque quelqu'un lui frappa sur l'épaule en lui disant : « Que diable venez-vous faire ici ? — Ah ! ah ! je vous reconnais, c'est vous qui m'avez acheté ma rosse de cheval. Eh bien ! je viens pour en acheter un meilleur ; mais je ne trouverai pas ce qu'il me faut. — Revenez-vous bientôt à Paris ? — Oui, d'aujourd'hui en huit. — Eh bien ! passez-vous jusque-là de cheval, et je vous en ferai voir un que vous me remercierez de vous avoir vendu.

Le père Thomas revint, en effet, au marché huit jours après, et le maquignon lui montra un cheval noir qui n'avait pas mauvaise apparence, mais qu'il vanta outre mesure et qu'il lui fit payer 300 fr. Le paysan, satisfait de son acquisition, se dirigea vers son village.

A peine y était-il entré, que le cheval marcha droit à l'écurie du père Thomas. « En voilà une bête futée ! dit-il au voisin ; voyez, elle connaît la maison sans y avoir jamais été. » Le lendemain il le conduisit boire à la mare ; mais quelle fut sa stupéfaction lorsqu'il s'aperçut qu'à mesure que le cheval entrait dans l'eau, il déteignait, en sorte qu'il en sortit blanc jusqu'à mi-corps avec le reste d'un beau noir. Ce fut dans le village un cri général de surprise qui se changea en moqueries à l'adresse du père Thomas, qui ne savait où se cacher pour fuir les quolibets. Tout le monde avait reconnu Coco, le cheval blanc... Le fait est que le maquignon, voulant en tirer parti et pensant que l'animal offrait encore quelque ressource, l'avait mis au vert. Il se prélassait toute la journée dans une grasse prairie et trouvait encore une bonne pitance à l'écurie, en sorte que Coco, redevenu vif et gaillard, avait pris de l'embonpoint ; mais lorsque le maquignon eut rencontré son vendeur, ce fut bien autre chose. Riant dans sa barbe du bon tour qu'il allait jouer, il se procura divers ingrédients avec lesquels il teignit, à l'aide d'une éponge, son cheval en noir ;

seulement il réserva des balzanes aux pieds et une étoile au front; de plus, il ne lui ménagea pas l'avoine. Coco, qui ne s'était jamais trouvé à pareille fête, était devenu tout autre, son poil était luisant, il redressait la tête, ne portait plus l'oreille basse, et à la première vue on lui eût donné dix ans de moins.

Voilà ce que fit un maquignon, et ces messieurs font encore bien autre chose; ils suspendent les symptômes de la morve, dissimulent la pousse et le cornage, donnent l'air vif à un cheval paresseux, transforment momentanément un cheval vicieux en un coursier débonnaire et travaillent ses dents pour déguiser son âge.

— Je conçois que le père Thomas ait été pris au piége; cependant le tour n'était pas sans danger pour le maquignon, car la justice ne tolère pas de pareilles plaisanteries.

— Bon! le maquignon était un de ces spéculateurs nomades qui ne séjournent jamais dans les endroits où ils ont joué un tour, et qui se hâtent d'aller ailleurs chercher de nouvelles dupes.

— Puisque nous avons parlé d'art vétérinaire, dit M. Raymond, je vous demanderai si, dans ce pays, il règne quelquefois des épidémies sur les bêtes à cornes.

— La péripneumonie épizootique ou contagieuse, dit M. Legros, a régné dans un département voisin. En 1852, M. Willems, vétérinaire belge, a proposé l'inoculation de cette terrible maladie, pour arrêter ses ravages. Mais cette expérience a effrayé les gens du pays, bien qu'elle paraisse avoir réussi dans la Belgique, et que la *cla-*

velisation, c'est-à-dire l'inoculation de la clavelée chez les moutons, ait produit les plus heureux effets, en mettant la race ovine à l'abri des dangers de cette maladie qui parfois enlevait le tiers ou même la moitié d'un troupeau; mais il est vrai que, pour la clavelisation, il y avait une sorte de précédent chez l'homme, car la clavelée du mouton a de l'analogie avec notre petite vérole, contre laquelle l'inoculation rendit des services, avant la découverte de la vaccine. Je n'oserais donc conseiller d'inoculer la péripneumonie gangreneuse, à moins qu'on ne l'essayât sur une bête isolée et claquemurée de manière à ne point propager la contagion, si elle avait lieu.

Le charbon règne quelquefois dans le pays, lors des grandes sécheresses, des longues pluies, ou par l'insalubrité des habitations et l'usage d'aliments avariés; il attaque tous les animaux, et principalement les herbivores. Je vous recommande de prendre pour vous-même les plus grandes précautions, si vous traitez cette dangereuse maladie. Il faut se laver soigneusement les mains avec l'eau de Javelle coupée d'eau ordinaire, après avoir opéré. De plus, on doit requérir, au nom de l'autorité, l'enfouissement immédiat à trois mètres de profondeur de l'animal mort, sans permettre qu'on enlève la peau et même après l'avoir tailladée; car plusieurs espèces de mouches, et particulièrement le taon et le bibet, après s'être reposés sur la tumeur charbonneuse, piquent d'autres animaux et leur inoculent le charbon. J'ai connu un homme d'une force herculéenne et d'une santé parfaite, qui, piqué à la main par une de ces mouches, n'y fit aucune attention, non plus qu'à la petite tumeur qui succéda à la piqûre ; mais en peu d'heures, le mal devint si grave, qu'on dut proposer l'amputation de la main ; le malade s'y refusa longtemps ; lorsqu'il y consentit, la gangrène avait fait de tels progrès, qu'il fallut amputer l'avant-bras. Mais c'était trop tard encore, l'amputation du bras entier devint nécessaire ; le malade ne fut pas sauvé pour cela, car il mourut le lendemain de la dernière opération : la gangrène ne s'était pas arrêtée.

Il y aurait encore beaucoup de choses à dire sur les nombreuses maladies du bétail et sur les moyens préservatifs, plus utiles encore à connaître que les moyens curatifs ; mais le temps nous manquerait. Toutefois, l'hygiène des animaux se résume en trois mots : *propreté*, *ventilation* et *bonne nourriture*.

— A propos, dit M. Raymond, que pensez-vous du procédé de M. Rarey ?

— C'est un fort beau secret. Mais ses effets sont-ils durables ? et le cheval ne retombe-t-il pas dans son indocilité et sa sauvagerie, lorsque l'impression quelconque qu'on a faite sur lui n'a plus la même force ?.... C'est ce qu'il faudrait savoir.

« Son moyen, disait le *Sport*, n'est pas encore divulgué. Une commission est chargée d'apprécier cette méthode. »

« Deux expériences, rapporte un journal, ont bien réussi, l'une sur une jument et l'autre sur un cheval entier ; trois jours après, les deux chevaux étaient assez domptés pour que d'autres que M. Rarey aient pu les conduire attelés au bois de Boulogne. L'éducation se fait en dix minutes.

« Une nouvelle expérience, dit le même journal, a eu lieu la semaine dernière au Tattersal : on a amené à M. Rarey *Stafford*, cheval bien connu par sa férocité. M. Rarey s'est enfermé avec lui dans un box, et, au bout d'une heure, il en sortait monté sur ce cheval, qu'il gouvernait à l'aide d'un simple bridon. Il l'a fait marcher, trotter, galoper à son gré et sans effort ; il a battu le tambour à ses oreilles, et le cheval n'a ni sourcillé ni bougé. Après cette épreuve, M. Rarey a ramené le cheval dans son box, où il fut mis en liberté pendant qu'on lui donnait l'avoine et qu'on faisait sa litière. »

— Cela est extraordinaire, dit M. Raymond ; je ne puis imaginer les moyens employés par ce dompteur.

— Voici ceux qu'indique une autre feuille, intitulée *la Santé universelle :*

1° Le *frôlement des doigts sur la nuque.* Pratiquer ce frôlement pendant dix à quinze minutes; recommencer deux ou trois fois par jour ; et le cheval, attelé ou monté, dit le docteur Colin, sera à tout jamais votre très-humble serviteur.

2° *Vapeur d'ammoniaque.* En faire aspirer à l'animal une légère dose, et lui en verser quelques gouttes sur le sommet de la tête.

3° *Odeur de la châtaigne.* Gratter fortement sur un cheval quelconque la corne qu'ils portent à la hauteur du genou et qu'on appelle *la châtaigne*; en recueillir la poussière et la faire sentir au cheval qu'on veut dompter ; il l'aspire avec satisfaction ; on le caresse, puis on recommence, et ainsi de suite. Au bout de trois quarts d'heure, l'animal est doux comme un mouton.

Ce secret fut divulgué, il y a quarante ans, pour 4,000 douros (20,000 fr.), par un métis d'origine espagnole, qui fit dans l'île de Cuba ce que fait aujourd'hui M. Rarey chez nous.

4° *Insufflation dans les narines.* Ce procédé consiste simplement à saisir le moment propice et à souffler dans les naseaux de l'animal en lui posant la main sur les yeux. Il devient doux *ex abrupto*, et vous suit comme un chien.

— Il serait bien à désirer, dit M. Raymond, que l'on parvînt, soit par ces moyens, soit par d'autres, à dompter divers animaux que j'ai vus au jardin des Plantes, et qui appartiennent à la race du cheval ; je veux parler du zèbre, du daw et de l'hémione. Cela ferait de charmants attelages.

— Je doute qu'on le tente pour les deux premiers, surtout pour le daw, qui montre beaucoup de férocité ; il a brisé avec ses dents la jambe d'un de ses gardiens, qu'il a fallu amputer, et, aujourd'hui, cet homme est l'un des concierges du jardin. Pour l'hémione, c'est différent. Ce charmant animal, aussi vif qu'élégant, est plus doux ; il se multiplie fort bien dans notre pays. Dans l'Inde, et particulièrement à Bombay, on s'en est servi comme monture et comme cheval de trait. On dit qu'il surpasse à la course les meilleurs chevaux arabes. Ce serait une précieuse acquisition pour varier les plaisirs du Club-Jockey.

Je ne sais pas quels sont les moyens de M. Rarey, dit M. Legros ; mais c'est à l'aide de la force qu'on dompte les chevaux sauvages en Amérique. Les métis, cavaliers consommes et audacieux, choisissent des yeux le cheval qui leur convient dans le troupeau sauvage, et lui lancent avec une merveilleuse adresse le *lasso* dont l'autre extrémité est attachée au pommeau de leur selle. Le captif est entraîné dans une course furibonde, effrénée. Le cavalier ne s'arrête que lorsque l'animal, les jambes tremblantes, les naseaux fumants, est épuisé de fatigue. Dès ce moment, il est vaincu et asservi pour toujours. Une selle est placée sur son dos, et il reçoit le mors, signe de son esclavage. A la première tentative d'insubordination, une nouvelle course encore plus échevelée le met à la raison.

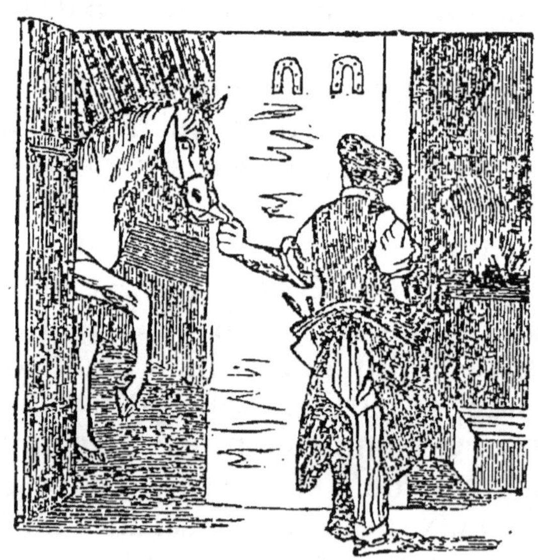

— J'étais fort lié, dit M. Raymond, avec un maréchal ferrant appartenant à l'un des régiments de cavalerie qui a fait avec nous la guerre de Crimée. Il passait pour l'homme le plus fort du régiment. On le chargeait de dompter les chevaux rétifs et méchants, et lorsqu'il montait un de ces animaux, celui-ci comprenait bientôt qu'il portait son maître, et il devenait aussitôt doux et soumis.

— Puisque vous parlez d'homme fort en fait de maréchaux, dit en riant M. Legros, je vais, pour terminer la séance, car je vois que l'heure de nous quitter s'avance pour M. le curé, je vais, dis-je, vous conter l'aventure de deux maréchaux qui n'étaient probablement pas moins forts que le vôtre.

L'un est le maréchal Maurice de Saxe, le vainqueur de Fontenoy, et l'autre un pauvre maréchal de village. Un jour, Maurice, écarté de sa suite, s'aperçut que son cheval était déferré. Il se trouvait justement dans un village de Picardie, et vis-à-vis un maréchal ferrant. Il s'arrête, met pied à terre, et dit à l'ouvrier de ferrer promptement son cheval. « Mais auparavant, ajouta-t-il, je veux voir le fer que tu lui poseras. » Le maréchal lui en présente un. Maurice l'examine. « Il ne vaut rien, » dit-il. En même temps il le brise sans effort en deux morceaux. » Montre-m'en un autre. » Le forgeron lui en présente un autre. « Celui-ci n'est pas meilleur, » dit Maurice. Et ce second fer a le même sort que le premier. L'ouvrier, sans sourciller, lui en offre un troisième. « A la bonne heure, dit Maurice ; hâte-toi de le poser. »

L'opération terminée, le maréchal de Saxe tire un écu de six francs de sa bourse et le présente à l'ouvrier. Celui-ci le plie entre ses doigts, le casse et en jette les morceaux à terre en disant : « Il n'est pas bon, veuillez m'en donner un autre. » Maurice lui en donne un second, que l'ouvrier casse de la même manière, en disant qu'il n'est pas meilleur que le premier. Enfin, le troisième fut trouvé bon, et Maurice, que cette scène avait beaucoup amusé, le quitta, surpris et enchanté d'avoir trouvé un homme aussi fort que lui.

Cette anecdote historique sur l'un des plus grands capitaines que la France ait eus, fit beaucoup rire les assistants. On allait se séparer, lorsque M. Legros leur apprit qu'il allait faire un voyage qui le tiendrait quelque temps absent, remettant la prochaine séance à son retour.

FIN.

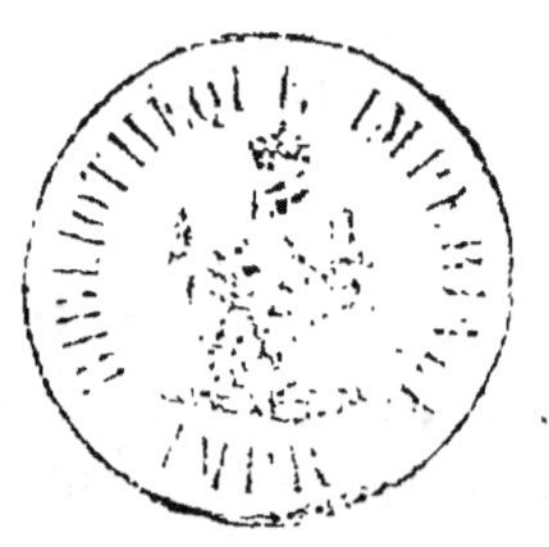

ROUEN. Imp. MEGARD et Cie, Grand'Rue, 156.

www.ingramcontent.com/pod-product-compliance
Lightning Source LLC
LaVergne TN
LVHW020337230826
846091LV00003B/908

9782011900388